L'ALCHIMISTE

DRAME EN CINQ ACTES, EN VERS,

PAR

Alexandre Dumas,

REPRÉSENTÉ POUR LA PREMIÈRE FOIS, SUR LE THÉATRE DE
LA RENAISSANCE, LE MERCREDI 10 AVRIL 1839.

PARIS.

DUMONT, LIBRAIRE-ÉDITEUR,

PALAIS-ROYAL, 88.

1839

L'ALCHIMISTE.

L'ALCHIMISTE

DRAME EN CINQ ACTES, EN VERS,

PAR

Alexandre Dumas,

REPRÉSENTÉ POUR LA PREMIÈRE FOIS, SUR LE THÉÂTRE DE
LA RENAISSANCE, LE MERCREDI 10 AVRIL 1839.

PARIS.

DUMONT, LIBRAIRE-ÉDITEUR,

PALAIS-ROYAL, 88.

1839

A MADAME I. F.

A Madame J. F.

Le maître a sur l'esclave une puissance entière ;
A l'Océan ému le maître dit : « Assez ! »
Et l'Océan craintif, abaissant sa crinière
Comme un lion soumis qui rentre en sa tanière,
Rappelle d'un seul cri tous ses flots dispersés.

Le soleil dit aux champs que sa chaleur féconde :

« Que la moisson sur vous étende son tapis ! »

Et la moisson bientôt montre sa tête blonde,

Où l'on voit, quand le vent la courbe comme une onde,

Quelques bluets perdus dans un monde d'épis.

L'Aurore en s'éloignant ordonne à la prairie

De parsemer de fleurs l'herbe qu'elle perla ;

L'Aurore à son retour trouve l'herbe fleurie :

Et vous, vous m'avez dit de votre voix chérie :

« Faites vite pour moi ce drame. » — Le voilà !

ALEXANDRE DUMAS.

ACTE PREMIER.

PERSONNAGES.		ACTEURS.
FASIO.....................	MM.	Frédérick Lemaitre.
LÉLIO.....................		Montdidier.
LE PODESTAT...............		Chéri.
D. GRIMALDI..............		Hiellard.
RAPHAELLO...............		Langeval.
ALDINI...................		Beaulieu.
SPADA......		Gustave.
UN OFFICIER.		Lefèvre.
UN PRÊTRE...............		Limare.
UN VALET...............		Pierrard.
FRANCESCA....	Mmes	Ida Ferrier.
LA MADDELENA..		L. Beaudoin.

ACTE PREMIER.

———

Un riche magasin de ciseleur au XVIe siècle, comme on se représente celui de Benvenuto Cellini ; au fond, porte et fenêtres donnant sur la rue, et à travers les volets desquels percent les premiers rayons du jour ; à gauche du spectateur, un escalier conduisant à un laboratoire.

SCENE PREMIERE.

FASIO, FRANCESCA.

Fasio monte du laboratoire, et va à un tiroir, où il prend une sébille pleine de lingots d'or, puis s'apprête à redescendre dans le laboratoire ; au moment où il va mettre le pied sur la première marche, Francesca, qui était étendue dans un fauteuil, se lève et l'appelle.

FRANCESCA.

Fasio !

FASIO.

Francesca !...

Allant à elle.

Que fais-tu là ? tu pleures !

Pourquoi sitôt levée, à peine est-il six heures !
C'est ménager bien mal ce trésor de beauté
Que tu reçus du ciel pour ma félicité,
Et dont je suis jaloux comme d'une merveille,
Que de veiller ainsi, parce que moi, je veille.

FRANCESCA.

Méchant ! oses-tu bien me reprocher à moi
De ne pouvoir dormir, quand tu ne dors pas, toi.
Oses-tu bien parler de ma beauté perdue
Quand, brûlé chaque nuit d'une veille assidue,
Courbé sur le fourneau qui te promet de l'or,
Tu risques ta santé, bien plus riche trésor
Que ce fragile éclat, qu'à perdre est condamnée,
La fleur en un matin, la femme en une année.
Hier, mon bien-aimé, ne m'avais-tu pas dit
Que, donnant quelque trêve à ce travail maudit,
Tu te reposerais de minuit à l'aurore :
L'autre jour comme hier, tu l'avais dit encore,
Ce soir pour m'apaiser, tu me le rediras,
Et ce soir, comme hier, méchant, tu mentiras.

FASIO.

Francesca, maintenant, la chose est bien certaine,
Je touche presque au but : le prix de tant de peine
Ne saurait m'échapper ; oui, quelques jours encor
Et le semeur de plomb fera sa moisson d'or !

Qu'un autre aille, cherchant la liqueur qu'il envie,
Dont chaque larme ajoute une année à la vie,
De l'immortalité je suis mal désireux;
Je veux vivre mes jours, mais je veux vivre heureux!
Or, le bonheur, vois-tu, femme, c'est la richesse,
Le bonheur, c'est pour toi le rang d'une duchesse,
Des pages, des valets!... Le bonheur, c'est pour moi
L'or qui nous met au front la couronne d'un roi!
Riche une fois, alors plus de veille nocturne
Qui tout un lendemain me rende taciturne.
Alors, à mon travail je pourrai dire adieu,
Car j'aurai découvert un des secrets de Dieu!

FRANCESCA.

Oh! j'ai peur, Fasio, l'amour est mon excuse,
Que d'un rêve insensé le charme ne t'abuse,
Que ce bien chimérique après lequel tu cours
Au contraire n'épuise, et dans des temps bien courts,
Cet or que le creuset, de sa gueule enflammée,
Engloutit en lingots et rejette en fumée.

FASIO.

Ne crains rien, Francesca, non, je réussirai!
Car, Nicolas Flamel, mon maître vénéré,
Voilà cent ans passés, dans le livre hermétique
A déchiffré pour moi le mot cabalistique.
Eh bien! l'heureux Flamel, au nom partout cité
N'était qu'un écrivain en l'université,

Dont la main mercenaire, habile à la peinture,
Dans la souple arabesque encadrait l'écriture,
Et qui, si dans la lutte il n'eût vaincu le sort,
Né dans la pauvreté, pauvrement serait mort :
Mais non, Dieu mit en lui la sublime étincelle,
Et l'homme enfin connut la cause universelle ;
Si bien qu'au moment même où le monde trompé
De vulgaires travaux le croyait occupé,
Enfoncé dans sa nuit comme un plongeur sous l'onde,
Il voyait germer l'or dans la flamme féconde !
Et, sans jamais tarir son éternel filon,
Combinant le mercure et le souffre et le plomb,
Le mineur obstiné, chaque nuit, ô merveille,
Renouvelait vingt fois son œuvre sans pareille.
Tant que, lorsqu'il mourut, sa femme et ses valets
En fouillant sa maison, ou plutôt son palais,
Trouvèrent assez d'or, si tu te le rappelles,
Pour bâtir un hospice et fonder trois chapelles !

FRANCESCA.

Mais si , quand tu l'auras, de ton or ébloui,
Comme notre voisin, il est riche aussi, lui,
Le vieux don Grimaldi... riche outre la mesure,
Mais son secret à lui, c'est le prêt et l'usure !
Il a comme Flamel, des maisons, des villa
A n'en savoir le nombre, et plus encore, il a
Tant de vaisseaux chargés, des deux mers creusant l'onde,
Qu'ils font de leur écume une ceinture au monde !

Eh bien ! à quoi lui sert ce splendide trésor ?
Sa figure jaunit à réfléchir cet or,
Que pour son héritier, dans quelque cave basse,
Solitaire et craintif, sac sur sac il entasse.
Parmi tous ses palais et toutes ses maisons,
Il a choisi pour lui, tu connais ses raisons,
Non la nôtre, la nôtre est par trop somptueuse,
Mais celle qui la suit, pauvre maison honteuse,
Qui nuit et jour fermée aux regards des vivans,
Ne laisse pénétrer que la pluie et les vents,
Qui vont, pour le glacer, chercher son maître avide
Près du foyer sans flamme, ou dans un lit humide.
Oh ! si quand tu seras, dis-moi, riche à ton tour,
L'avarice amaigrie, ami, venait un jour
Chasser de notre porte aux malheureux connue
La pauvreté que Dieu nous montre à demi nue,
Pour que nous couvrions, à la face des cieux,
Ses habits déchirés d'un manteau précieux.
Alors, mon Fasio, cet or, cet or infâme,
Comme il perdit la sienne, aurait perdu notre ame.
Restons pauvres plutôt, et songeons que Jésus
Parmi les indigens a choisi ses élus !

FASIO.

Oh ! ne demeure pas sur ce point abusée.
Que Dieu fasse pleuvoir la céleste rosée,
Et dans le champ ouvert à mes ardens désirs ;
Chaque jour fleuriront quelques nouveaux plaisirs.
Demande seulement au ciel qu'il nous envoie

La force de porter une si grande joie !

FRANCESCA.

Mon Fasio, pardonne à mes doutes chagrins,
Jusques à ces plaisirs, que veux-tu ? je les crains.
Tu sais, tout séparés que nous sommes du monde,
Quelle est ma jalousie inquiète et profonde !
Oh ! que je serais donc plus malheureuse encor
Si tout autour de toi, séduites par ton or,
Je voyais se presser, oh ! pensée importune !
Ces femmes dont l'amour !... il en est surtout une !...
Celle-là, Fasio, tu ne le nîras pas,
Je t'ai plus d'une fois rencontré sur ses pas,
La suivant du regard, la saluant du geste,
Oh ! cette femme un jour me doit être funeste.

FASIO, souriant.

Et quel est ce démon que Dieu prédestina ?

FRNCESCA.

Oh ! que tu le sais bien ; c'est la Maddelena !...
Au reste, d'elle à moi je sens la différence,
C'est la plus belle fleur du printemps de Florence !..
Tu l'aimes !...

FASIO.

Francesca, pourquoi veux-tu que, moi...

FRANCESCA.

On aime, voilà tout, on ne sait pas pourquoi ;

On aime sans raison, sans espoir!... On oublie
La fortune, le rang!... L'amour, c'est la folie!...
Oh! ne l'aime jamais, Fasio!

FASIO.

Calme-toi,
J'ai souvent admiré cette femme.

FRANCESCA.

Ah!... tu vois!...

FASIO.

Mais comme l'on admire, en longeant un portique
Dans un jardin ducal, une statue antique.
Une vierge d'amour peinte par Raphaël,
Ou, pendant la nuit pure, une étoile du ciel.

FRANCESCA.

Eh bien!... prends en pitié mon fol amour d'épouse;
Vierge, étoile ou statue... hélas! j'en suis jalouse.
Jalouse; car vois-tu, vierge elle peut aimer,
Étoile, choir du ciel, et marbre, s'animer!...
Oh! prends pitié de moi, Fasio!...

FASIO.

Sur mon ame

Tu deviens folle;

Riant.

Et moi, n'ai-je pas vu, madame,
Comme si vous tramiez quelque crime d'état,
De quels regards vous suit monsieur le podestat.
Ne l'ai-je pas trouvé vingt fois en tête-à-tête,
Ici même avec vous? prétextant quelque emplette.
Eh bien! suis-je jaloux? loin de là: monseigneur,
Toutes les fois qu'il vient me fait beaucoup d'honneur.

FRANCESCA.

Que tu sais bien, railleur à l'esprit sans scrupule,
Que de ta part, à toi, la crainte est ridicule :
Lorsque la femme éprouve un sentiment vainqueur,
Elle aime, elle!... avec tous les délires du cœur;
Celui qui de son sein souffle la flamme ardente,
Ce n'est plus un enfant de la terre... imprudente,
Elle en fait un héros, un ange, un immortel,
Et l'adore à genoux comme un Dieu sur l'autel!...
Mais vous, qui, pour tromper, avez reçu deux ames,
Salamandres d'amour qui vivez dans les flammes,
Et dont le cœur, du feu dont il est animé
Brûlant incessamment, n'est jamais consumé ;
Oh! comment voulez-vous que nous, femmes chétives,
Pliant au moindre choc comme un roseau des rives,
Lorsque passe sur lui le souffle souverain,
Nous luttions avec vous, hommes au cœur d'airain!
Il faut donc, me traitant comme on traite une femme,
Avoir pitié de moi.

FASIO.

C'est convenu, madame.
Qu'on soit pauvre à jamais, ou riche quelque jour,
On n'aura de regards que pour vous, mon amour.
Au revoir...

Il l'embrasse.

FRANCESCA, le reconduisant jusqu'à l'escalier.

A bientôt...

Fasio descend, Francesca le suit des yeux.

SCENE II.

FRANCESCA , *puis* LE PODESTAT.

FRANCESCA, seule.

Ah ! je suis plus à l'aise !
J'ai dit à Fasio la crainte qui me pèse !
Il l'a mal combattue ; il me semble qu'il n'a
Pas dit qu'il n'aimait point cette Maddelena !...
Oh ! que la jalousie est dure conseillère.

LE PODESTAT , entrant.

Salut à Francesca, la belle joaillière !

FRANCESCA , tressaillant.

Ah !...

Se remettant.

Salut, monseigneur... Quel nocturne attentat
Fait sortir si matin monsieur le podestat?

LE PODESTAT.

Devinez !...

FRANCESCA.

Moi?...

LE PODESTAT.

Sans doute.

FRANCESCA.

Oh ! j'en suis incapable,
Si vous ne m'aidez...

LE PODESTAT.

Soit ! je cherche un grand coupable...

FRANCESCA.

Vraiment ! et qu'a-t-il fait ?

LE PODESTAT.

Il m'a ravi mon bien,
Un objet, sans lequel le monde ne m'est rien !
Et que, dans le souci jaloux qui m'importune,
Je voudrais racheter de toute ma fortune.

FRANCESCA.

Le croyez-vous ici?

LE PODESTAT.

Sans doute, il est chez vous,
Car cet homme...

FRANCESCA.

Cet homme !

LE PODESTAT.

Eh bien ! c'est votre époux.

FRANCESCA, faisant la révérence.

On n'est pas plus que vous riche de courtoisie,
Monseigneur !...

LE PODESDAT.

Non, sur Dieu ! c'est une frénésie ;
Je n'y puis plus tenir... je vous aime, d'honneur !...

FRANCESCA, passant dans le comptoir.

Vous n'avez pas encor vu, je crois, monseigneur,
Cette aiguière d'argent d'une forme nouvelle ?

LE PODESTAT.

Elle est de Fasio ?

FRANCESCA.

Son bon goût s'y révèle,

N'est-ce pas ? le travail en est fait au marteau
Et d'après un dessin d'Andrea del' Sarto.
C'est un riche présent, et digne d'un roi mage.

LE PODESTAT.

Oui; mais ce qui m'y plaît surtout, c'est votre image,
Qu'on y voit réfléchie, ainsi qu'en un miroir.

FRANCESCA, reposant l'aiguière et prenant une coupe.

Prenons donc cette coupe où l'on ne peut se voir,
Et rien ne distraira l'amateur de l'artiste :
Elle est faite, voyez, d'une seule améthyste.

LE PODESTAT.

Vraiment ?

FRANCESCA.

Montée en perle, en rubis, en saphir.
Les rubis sont d'Arcot, et les perles d'Ophir.

LE PODESTAT.

Son prix ?

FRANCESCA.

Deux cents ducats.

En ce moment, la Maddelena entre, suivie du comte Lélio; Francesca
laisse tomber la coupe, qui se brise.

LE PODESTAT.

Que faites-vous?

FRANCESCA, chancelant.

C'est elle !

Oh! je me sens mourir...

SCENE III.

LES MÊMES, LA MADDELENA, LÉLIO, FASIO.

LA MADDELENA.

N'avez-vous point, ma belle,
Quelque bijou nouveau ?...

FRANCESCA.

Non, madame.

LA MADDELENA.

Très-bien !
Nos joailliers vraiment ne sont plus bons à rien.
Voilà trois jours entiers que nous courons ensemble
Sans trouver un joyau de bon goût.

LÉLIO.

Que vous semble,
Chère Maddelena, de ces croix ?

FRANCESCA.

En bijoux
Tommasello, madame, est plus riche que nous :

Nous, nous vendons surtout des objets plus vulgaires,
Des vases, des hanaps, des coupes, des aiguières.
Nous sommes ciseleurs bien plus que joailliers.

LA MADDELENA.

N'importe, montrez-moi ces croix et ces colliers.

FRANCESCA.

Je crois presque inutile...

LA MADDELENA.

Ah! vous êtes étrange!...
C'est à moi de juger...

LE PODESTAT, s'approchant de la Maddelena et lui baisant la
main.

Dieu garde son bel ange!

LA MADDELENA.

Eh! c'est vous, podestat, que faites-vous ici?

LE PODESTAT, montrant Francesca.

Je viens pour marchander le bijou que voici :

LA MADDELENA.

Cette femme... ah! vraiment, je n'y prenais pas garde;
Elle n'est pas trop mal, alors qu'on la regarde

Avec attention... Cependant, podestat,
Je le dis franchement, pour un seigneur d'état
Cet amour est vulgaire et sent la bourgeoisie.

Elle retourne aux bijoux.

LÉLIO , allant au Podestat.

Pardieu, cher podestat, de votre courtoisie
J'attends un grand service. .

LE PODESTAT.

Eh ! comte Lélio ,
Parlez ! je suis tout vôtre, en honneur !

LÉLIO.

Per Dio !
On n'est pas plus charmant, monseigneur, que vous
n'êtes !
Parmi toutes ces lois que tous les jours vous faites,
Rendez donc quelque jour une certaine loi
Qui manque à notre code, et, pour ma part à moi,
Que je compte appliquer dès qu'elle sera née :
Loi qui force tout oncle à faire chaque année ,
Sous peine du gibet, de la roue ou du feu,
Trente mille ducats de rente à son neveu.

LE PODESTAT.

Notre vieux Grimaldi tient donc toujours fermée
Aux mains comme aux regards sa caisse bien aimée ?

LÉLIO.

Toujours !

LE PODESTAT.

Hélas ! hélas ! et quatre fois hélas !
Tout oncle est fait ainsi...

LÉLIO.

Oui, mais moi, je suis las
De voir, en une cave obscure et solitaire ,
Semer ainsi tant d'or qui ne sort pas de terre !

LE PODESTAT.

Bah !... vous retrouverez tout cet or quelque jour.

LÉLIO.

C'est cela, quand j'aurai cinquante ans à mon tour;
C'est trop tard...

Fasio paraît au haut de l'escalier.

LA MADDELENA.

Maintenant, montrez—moi, je vous prie,
Autre chose.

FRANCESCA.

C'est tout.

FASIO.

Tu te trompes, chérie...

FRANCESCA.

Fasio!...

FASIO, à la Maddelena. .

Nous avons encor quelques bijoux
Dont la matière ou l'œuvre est plus digne de vous.
Je vais vous les chercher.

LA MADDELENA.

Allez!...

FRANCESCA, tombant sur un fauteuil.

Sainte Madone,
Prenez pitié de moi, la force m'abandonne.

LE PODESTAT, la regardant.

Ah! nous sommes jalouse, à ce qu'il me paraît...

On peut tirer un jour parti de ce secret
Que nous dit le regard, au défaut de la bouche ;
C'est bien !...

A Lélio.

Adieu, cher comte.

A Maddelena.

Adieu, belle farouche.

Il s'éloigne, rencontre Fasio au fond de la scène et l'arrête.

Et toi, mon alchimiste aux souhaits enhardis,
Garde-toi d'oublier que jusqu'en paradis,
Pourvu qu'aux feux du jour sa peau puisse reluire,
Tout serpent atteindra l'Ève qu'il veut séduire,
Surtout pour l'éblouir s'il sait montrer encor
Des yeux de diamant et des écailles d'or.

Il sort.

SCENE IV.

LA MADDELENA, FRANCESCA, LÉLIO, FASIO.

LA MADDELENA.

Eh bien !... nous attendons...

LÉLIO.

Vite, dépêchons, maître...

FASIO.

Voici quelques bijoux assez beaux pour paraître
Dans les salons du duc Francesco Medici,
Lorsqu'il donne une fête en son palais Pizzi.
Choisissez...

FRANCISCA.

O mon Dieu ! que je souffre !

LA MADDELENA.

Cher comte,
Que me conseillez-vous ? Dites.

LÉLIO, lui montrant un collier de perles.

Vraiment, j'ai honte
D'être, en un pareil cas, si mauvais conseiller;
Cependant je prendrais, madame, ce collier.

LA MADDELENA, à Fasio.

Venez me l'essayer.

FRANCESCA, à part.

Oh! comme sa main tremble!

FASIO.

Le voici.

LA MADDELENA.

Maintenant, voyons, que vous en semble?

FASIO.

Que monsieur vous donnait des avis imprudens:
A votre cou la perle est trop près de vos dents.

LA MADDELENA.

Il a raison; tenez, Lelio, je préfère
Ce bandeau de rubis.

Le regardant.

Comment se peut-il faire

Qu'on travaille ainsi l'or? Voyez, c'est ravissant.

Elle le donne à Fasio, et s'assied pour qu'il le lui attache sur la tête

FRANCESCA.

Oh! je sens vers mon cœur refluer tout mon sang.

LA MADDELENA, à Fasio.

Écartez mes cheveux; c'est cela.

FASIO, regardant l'effet du bandeau.

      Sur mon ame,
Cette fois c'était vous qui vous trompiez, madame:
Ces rubis, pour garder leurs reflets précieux,
Madame, à votre front sont trop près de vos yeux.

LA MADDELENA.

Puisqu'il en est ainsi, choisissez-moi vous-même
Quelque chose de bien.

FASIO.

      Prenez ce diadème.
Parmi des cheveux noirs le diamant reluit

Comme la lucciole illuminant la nuit :
Il me fut commandé pour la reine de France ,
Que daigne l'accepter la reine de Florence !

LA MADDELENA.

Mais envers nos voisins vous êtes déloyal.

FASIO.

Il devait couronner, madame, un front royal :
Il est juste qu'ici cède à votre puissance
Celle-là qui n'était reine que par naissance,
Ainsi que dans ses vers jusqu'à nous parvenus
Homère fait céder Junon devant Vénus.

LA MADDELEDA, à Lélio.

Comte, cherchez-moi donc, en notre seigneurie ,
Plus de gentil parler et de galanterie.

A Fasio.

On doit payer fort cher, maître, vos diamans,
Si vous donnez pour rien de pareils complimens.
Ce bandeau me convient, et plus je le regarde,
Plus j'en suis amoureuse : ainsi donc je le garde.
Passez à mon palais, on vous paira.

A Lélio.

Venez.

LÉLIO, donnant une bourse à Fasio.

N'en faites rien, mon cher.

A Fasio, qui la repousse

Mais prenez donc.

Il la jette sur une chaise.

Tenez.

LA MADDELENA.

Venez-vous?

LÉLIO.

Me voici!

Ils sortent ensemble; Fasio les reconduit jusqu'à la porte.

SCENE V.

FASIO, FRANCESCA.

FRANCESCA, joignant les mains.

Vierge prédestinée,
Ai-je bu mon calice et suis-je pardonnée?

FASIO, revenant.

Qu'as-tu donc, Francesca ?

FRANCESCA.

Rien... j'ai que j'espérais
Qu'enfin j'allais mourir, tellement je souffrais !

FASIO.

Enfant, faut-il cent fois que je te le redise ?
Je vends mes complimens avec ma marchandise.

FRANCESCA.

Oh ! je voudrais te croire, oui...

Apercevant une épaisse fumée qui sort par l'escalier du laboratoire.

Qu'est-ce là, mon Dieu ?

FASIO.

Quoi donc?

FRANCESCA.

Cette fumée...

FASIO.

Ah! j'ai mis sur le feu,
Dans un vase d'airain, du plomb et du mercure. .
Le soufre qui devait compléter la mixture
Sans doute était placé trop proche du foyer :
La flamme l'aura joint... Cesse de t'effrayer!...
Ce n'est que maintenant que je me le rappelle...

Fasio descend dans le laboratoire.

FRANCESCA , seule.

Il avait oublié jusqu'à son or pour elle!...
Seigneur, vous qui guidez vers de plus doux climats
L'oiseau qui ne pourrait supporter nos frimas ;
Vous qui des aquilons adoucissez l'haleine,
En faveur de l'agneau dépouillé de sa laine ;
Vous qui pendant l'orage, en aide aux matelots,
Sous la barque fragile aplanissez les flots ;
Vous qui savez enfin ce que peut de torture
Souffrir sans succomber votre humble créature ;
Contre moi, n'armez pas votre ame de rigueur,
Et mesurez l'épreuve à la force, Seigneur !

3

FASIO , ressortant.

Francesca, tout va bien, et, si rien ne varie,
Par l'intercession de la vierge Marie ,
Demain, jour de la lune et vingt-et-un du mois,
En qui le nombre sept est accompli trois fois,
Dans le vase d'airain que rougit la fournaise
A mon tour, comme Dieu, j'aurai fait ma Genèse.

FRANCESCA.

Oh ! Fasio, prends garde à la déception.

FASIO.

Non, demain je suis sûr de la projection.
Je ferai l'œuvre en blanc, d'abord, et puis... Silence !...
C'est le vieux Grimaldi, pas un mot !

SCENE VI.

Les Mêmes, DON GRIMALDI.

FASIO, le saluant.

Excellence.

GRIMALDI.

Ah ! c'est toi ?

FASIO.

Monseigneur, d'où vous vient cet émoi ?

GRIMALDI.

Ne t'en doutes-tu pas ?

FASIO.

Non, sur l'honneur...

GRIMALDI.

Dis-moi !
Quand cesseras-tu donc, pour le bien de ton ame,
Alchimiste maudit, que Lucifer réclame,
De tenter chaque jour quelques nouveaux essais
Qui font mourir de peur tes voisins ?

FASIO.

Je ne sais
Ce que vous voulez dire.

GRIMALDI.

Et la fumée obscure,
Qui sortait à l'instant comme une haleine impure,
Par chaque soupirail de la maison ; si bien
Qu'on criait dans la rue : Au feu ! ce n'était rien ?

FRANCESCA.

Monseigneur ?

GRIMALDI.

C'est à lui que je parle, madame :
Vous êtes une digne et respectable femme,
Vous, quoiqu'à vos habits on puisse reprocher
Un luxe un peu trop grand, car le velours est cher !
Aussi, vous le voyez, madame, moi, je porte
Du drap.

FASIO.

Et du plus gros même.

GRIMALDI.

Que vous importe,
Monsieur le faiseur d'or ?.. Je disais donc, cordieu !
Qu'il vous faut à l'instant, maître, vider ce lieu.

FASIO.

Comment ?

GRIMALDI.

Je ne veux pas qu'une maison honnête,
Que je reçus de Dieu pour abriter ma tête,
Quelque beau jour sur moi s'écroule tout-à-coup,
Quand le diable viendra pour te tordre le cou.

FASIO.

Mais je ne puis quitter l'œuvre de la science.

GRIMALDI.

Ah ! nous faisons encor quelque autre expérience ?
Tant mieux ! à la police, en ce cas-là, je cours !

FASIO.

Monseigneur... seulement, accordez-moi trois jours !

GRIMALDI.

Pas une heure !

FASIO.

Impossible alors...

GRIMALDI.

Dieu vous bénisse !

FRANCESCA.

Mais où donc allez-vous?

GRIMALDI.

Prévenir la justice
Qu'avec tous vos essais et vos combustions
Vous mettez le quartier en révolutions!

FASIO, le retenant.

Monseigneur, on se peut arranger, je suppose.

GRIMALDI, s'éloignant.

Jamais!

FASIO.

A prix d'argent...

GRIMALDI, revenant.

Ceci, c'est autre chose;
Que voulez-vous de temps?

FASIO.

Ce que je veux? trois jours.

GRIMALDI.

Trois jours?

FASIO.

Et je serai riche alors pour toujours!

GRIMALDI.

Combien les paîras-tu ?

FASIO.

Quatre ducats par heure !

GRIMALDI, calculant.

Deux cent quatre-vingt-huit ducats pour qu'il demeure
Trois jours de plus ici... ma foi ! c'est bien payé.

FASIO.

Eh bien ! que dites-vous ?

Depuis quelques instans, on voit sortir du laboratoire des lueurs de
plus en plus vives.

GRIMALDI.

Que je suis effrayé
Du danger que je cours !

FASIO.

Je doublerai la somme.

GRIMALDI.

Tenez, mon cher, au fond vous êtes un brave homme !

Et je ne vous veux pas refuser... écoutez :
Donnez six cents ducats, et pour trois jours restez !...
Mais après ces trois jours...

FASIO.

Il suffit.

FRANCESCA.

Juif infâme !

FASIO, à Francesca.

Compte six cents ducats.

FRANCESCA.

Tu veux ?

FASIO.

Compte-les, femme.

FRANCESCA.

Tout ce qui nous restait pour trois jours, Dieu puissant !

FASIO.

Je les eusse achetés, fût-ce au prix de mon sang !

FRANCESCA, lui donnant l'or.

Tiens ! tiens !

FASIO, le remettant à Grimaldi.

Voilà !

GRIMALDI.

Songez que je ne vous accorde
Que trois jours... rien que trois...

On entend dans le laboratoire une explosion terrible.

A moi !...

FASIO.

Miséricorde !
Le vase s'est brisé par la force du feu !

GRIMALDI, s'élançant hors de la chambre.

Mon trésor !...

FASIO, se précipitant dans le laboratoire, et repoussant Francesca,
qui veut l'y suivre.

Reste là.

FRANCESCA, tombant à genoux.

Protégez-nous, grand Dieu !

FIN DU PREMIER ACTE.

ACTE DEUXIÈME.

ACTE DEUXIÈME.

Le théâtre représente une salle basse et voûtée, dans laquelle sont rassemblés des draps de brocart, des tapisseries, des dressoirs avec de la vaisselle d'argent, de vieux tableaux, des armures, etc. Une porte au fond, avec trois marches indiquant un escalier supérieur; une porte, à droite du spectateur, donnant dans un caveau.

SCENE PREMIERE.

FASIO, *seul , poussant une porte latérale, à droite, peinte comme le mur dans lequel elle est cachée. Il tient une torche à la main, et examine la serrure que le plâtre enlevé par l'explosion a découverte.*

Oui, la commotion a retenti si forte
Qu'elle a de mon côté démasqué cette porte.
Sans doute qu'autrefois un seul maître creusa
Ce souterrain qu'ensuite un autre divisa;

Puis, un jour, supprimant cette commune entrée,
Par un troisième enfin la porte fut murée,
Et, de ce moment-là jusqu'à cette heure-ci,
Resta pour tous les yeux masquée et close ainsi.
Oh! de quelles terreurs il eût été la proie,
Si notre vieux voisin eût connu cette voie,
Et s'il eût su qu'un jour un coup inattendu
Devait me révéler ce passage perdu!
Je suis pour une fois curieux, sur mon ame,
D'entrer secrètement dans ce repaire infâme,
Où, filtrant goutte à goutte et se changeant en or,
Les pleurs de l'indigent font au riche un trésor;
Où chaque objet divers accuse, en son langage,
L'antre de l'usurier et du prêteur sur gage.
Ici vient la noblesse, ainsi qu'en ses tombeaux,
De sa splendeur éteinte enterrer les lambeaux.
Voici de vieux portraits et de nobles armures,
Des instrumens plaintifs dont les tristes murmures
S'éveillent chaque fois que la porte en grinçant
Donne passage au maître avare qui descend,
Comme une ombre vouée à ces voûtes funèbres,
Compter furtivement son or dans les ténèbres.
Au reste, pour la chose on a choisi le lieu;
Le sanctuaire en tout est digne de son dieu!
C'est un cercle qui mène à l'infernal empire,
Et l'air qu'en haletant la poitrine y respire
Semble cet air que Dante, au séjour des tourmens,
Trouva plein de sanglots et de gémissemens.
Pourquoi, dans certains lieux, les mauvaises pensées

Viennent-elles au cœur se heurter plus pressées
Qu'au voyageur perdu dans un sombre réduit
Ne viennent se heurter les oiseaux de la nuit ?

Il écoute.

Pourquoi dans ces caveaux est-ce que je frissonne ?
N'ai-je point entendu... ? non, ce n'était personne ;
Je m'étais trompé... rien... c'est bizarre ! Pourquoi
Ai-je ainsi peur de tout ? c'est que j'ai peur de moi ;

Il abaisse sa torche et éclaire une trappe.

C'est que, comme un mineur, j'ai sous les pieds la veine
De cet or poursuivi d'une recherche vaine ;
C'est que, pour un remords à risquer, désormais
Je n'ai qu'à me baisser et suis riche à jamais.
Oh ! je le disais bien, il est des lieux étranges
Dont pourrait la vapeur ternir l'ame des anges.
Rentrons vite.

Écoutant.

Mais non, je ne me trompais pas ;
J'ai bien distinctement, cette fois, ouï des pas !

Il éteint sa torche contre terre.

Le laboureur sans doute à sa grange rapporte
Sa moisson d'aujourd'hui.

Tàtant le mur.

         Mais où donc est la porte?
Il me semble pourtant... oui. . non... qu'elle était là.
Grand Dieu! mais cette porte... Il entre, le voilà!

Il se cache derrière une tapisserie.

SCENE II.

FASIO, *caché*, GRIMALDI.

GRIMALDI entre lentement, tire une lanterne de dessous son manteau, regarde du seuil de tous les côtés, puis il vient lentement
jusqu'à la trappe, détache une clef de son cou, ouvre le couvercle,
et éclaire les sacs que renferme la cachette avec sa lanterne.

Tout va bien. Cette cave est profonde et muette,
Et je ne sais pourquoi toujours je m'inquiète.

Regardant son or, et y ajoutant un nouveau sac.

Oh! nul ne peut savoir ce tourment abhorré
D'un corps qui vit ainsi de l'ame séparé.
Que ne puis-je en ce lieu transporter ma demeure!
Pour ne pas te quitter, mon or, d'un jour, d'une heure,
D'un instant! Ce matin, quand cette fusion
Chez le sorcier maudit a fait explosion,
Oui, j'ai cru que sonnait la minute fatale,
Et je suis accouru plus tremblant et plus pâle
Que si j'étais déjà trépassé. Rien encor
Heureusement... c'est bien !

FASIO, à part.

Que d'or! mon Dieu, que d'or!

4

SCENE III.

FASIO, *caché*, GRIMALDI, *fermant sa cachette*, LÉLIO,
ouvrant doucement la porte du fond.

LÉLIO.

Commençons tout d'abord par fermer cette porte.
Bon ! le chêne est épais et la serrure est forte.

FASIO, l'apercevant.

Que va-t-il se passer? j'ai le cœur plein d'effroi !

LÉLIO, de la porte.

Ne vous dérangez pas, mon cher oncle; c'est moi.

GRIMALDI, se retournant avec effroi.

Malheureux ! malheureux ! ici que viens-tu faire ? -

LÉLIO.

Mon Dieu, n'ayez pas peur, je viens parler d'affaire !

GRIMALDI.

Remontons alors !

LÉLIO , le retenant.

Point !... Nous sommes bien ici !..

GRIMALDI.

Que veux-tu donc alors? parle vite.

LÉLIO.

Voici!
Mon oncle, vous avez été jeune peut-être?

GRIMALDI.

Jamais ! monsieur, jamais !

LÉLIO.

Ah ! vous auriez pu l'être !
Pardon, si mon erreur vous a désobligé :
Mais je suis jeune, moi, c'est un malheur que j'ai.
Or, quoique l'ignorant par votre expérience,
Mon oncle, vous savez, tout au moins par science,
Que cet âge qu'il faut, las! que nous subissions !
Est pour nous malheureux celui des passions !
Donc en ces passions aux chances hasardeuses,
J'ai choisi, par bonheur pour moi, les plus coûteuses!
Les femmes et le jeu !... Si bien, Dieu soit loué,
Que j'ai, depuis un mois, tant aimé, tant joué,
Tant rencontré de cœurs et de tapis avides,
Que de nos usuriers tous les coffres sont vides,
Et qu'il faut bien enfin que je m'adresse à vous,
Mon oncle, le plus riche et le plus dur de tous !
Car vous êtes le seul, voyez la préférence !

Qui ne m'ayez jamais rien prêté dans Florence !
Exécutez-vous donc, mon oncle, noblement ;
Il faut que toute chose ait son commencement.

GRIMALDI.

Malheureux ! peux-tu bien me parler de la sorte ?

LÉLIO.

D'autant plus que vraiment la somme n'est pas forte !
Et que pour m'obliger en ce douloureux cas,
Je vous en tiendrai quitte avec mille ducats.

GRIMALDI.

Où veux-tu que je prenne une pareille somme ?

LÉLIO.

Tenez, mon oncle, au fond, vous êtes un brave homme.

GRIMALDI.

Jamais je n'eus tant d'or en mes mains, je te dis !

LÉLIO.

Écoutez ! je paierai les intérêts à dix !

GRIMALDI.

Mais, hélas ! je suis pauvre.

LÉLIO.

A quinze, — à vingt, — à trente!

GRIMALDI.

Mais tu n'entends donc pas! je te jure...

LÉLIO.

A quarante!

Ah! c'est un taux légal.

GRIMALDI.

Non!

LÉLIO.

Mon oncle!...

GRIMALDI.

A quoi bon?

LÉLIO.

Vous me refusez!

GRIMALDI.

Oui.

LÉLIO.

Vous ne voulez pas!

GRIMALDI.

Non.

LÉLIO.

Je vous ai jusqu'ici parlé comme un jeune homme,
Mais je vais maintenant, mon oncle, en gentilhomme,
Vous parler sagement, avec calme et raison :
Mon oncle, pour l'honneur de votre vieux blason,
Que mon père a gardé pur de toutes ces taches
Qu'aux leurs font de nos jours tant de vils et de lâches!
Songez que me voilà pour dettes sur le point
D'être arrêté! Voyons, vous ne souffrirez point
Que moi, votre neveu, moi, noble , enfin moi, comte,
Faute de quelque argent, je souffre cette honte!
Faites cela pour vous, si ce n'est pas pour moi.

GRIMALDI.

Mais la chose, en tout point, ne regarde que toi.

LÉLIO.

Eh! oui, c'est sur moi seul que doit tomber la peine,
Mais le mépris, mon oncle!... Oh! par pudeur humaine!
Non!... soit : seulement hier, j'ai chez le duc, au jeu,
Engagé ma parole à défaut d'un enjeu.
Je dois cinq cents ducats : donnez-moi cette somme
Que j'ai loyalement perdue en gentilhomme,
Et mon honneur est sauf. Alors , comme ils pourront
De ma personne après mes juifs s'arrangeront.

GRIMALDI.

Vous êtes fou!

LÉLIO.

Prenez pitié de ma folie !
Pour ces cinq cents ducats, voyez, je vous supplie,
Mon oncle ! que vous fait cette misère-là !

GRIMALDI.

Pas un ! pas moitié d'un !...

LÉLIO.

Ah ! c'est comme cela !
Eh bien ! pour rendre alors ma demande efficace,
Je vais vous raconter un comte de Boccace !

GRIMALDI.

Oh ! je n'ai pas le temps de l'entendre !

LÉLIO , le retenant.

Restez !
Et sans en perdre un mot, au contraire, écoutez !

GRIMALDI.

Quoi! tu veux par la force...! Ah! je ne puis le croire !

LÉLIO , d'une voix ferme.

Je veux, je vous l'ai dit, vous conter une histoire ;
L'histoire d'un oncle et d'un neveu... Voilà tout !
Mais vous l'écouterez de l'un à l'autre bout !

GRIMALDI.

Où veut-il en venir?

FASIO, caché.

Quelle chose s'apprête?

LÉLIO.

La scène est en Espagne. Une famille honnête
Demeurait à Séville; elle se composait
D'une mère et d'un fils en bas âge : on disait
Qu'un homme était encor de la même famille,
Demeurant outre-mer, seul et sans fils ni fille...
Qui, pour tout Dieu jamais n'ayant connu que l'or,
Par le prêt et l'usure engraissait un trésor :
Or il advint un jour que des fièvres mortelles
Passèrent sur l'Espagne en secouant leurs ailes;
La mère, qu'on citait comme sainte en tout lieu,
A l'âge de trente ans fut appelée à Dieu,
Et laissa, pour descendre en un sépulcre avide,
Son enfant au berceau près de sa couche vide !
Hélas ! le pauvre enfant, si petit qu'il était,
Avait déjà compris que sa mère emportait
Le bonheur avec elle, et, dans sa peine amère,
Sans cesse, en bégayant, redemandait sa mère,
Sa mère qu'à cette heure il se rappelle encor
Comme un ange entrevu dans un nuage d'or !...
Il suivait donc déjà la douloureuse voie,
Lorsqu'un jour, s'abattant comme un oiseau de proie,

L'oncle arriva soudain, et, sans être attendu,
Terres, meubles, maison, tout fut bientôt vendu...
Puis le vautour reprit sa course vers son aire,
Emportant la fortune et l'enfant dans sa serre !...
Cependant de retour, l'avare ne dit pas
Qu'il avait à l'enfant deux cent mille ducats;
De sorte que l'enfant grandit et devint homme
Sans qu'il lui fût jamais parlé de cette somme.
Pourtant, comme on savait qu'il devait, quelque jour,
A la mort de son oncle, être riche à son tour,
L'argent ne manqua point d'abord à ses caprices;
Si bien que ses défauts bientôt se firent vices;
Car aucun n'était là qui le prît par la main
Pour remettre ses pas en un meilleur chemin !
Enfin, le sort voulut, soit propice ou contraire,
Que se tarît un jour cette veine usuraire;
De sorte qu'au milieu de son luxe indigent,
Le neveu tout-à-coup se trouva sans argent.
Ce fut dans ce temps-là qu'il apprit de Séville
Que sa naissance était loin d'être pauvre et vile,
Et que ses premiers jours aux splendides rayons
Étaient des souvenirs et non des visions !
Alors il résolut de tenter l'aventure :
Il savait que son oncle en une cave obscure
Entassait tout cet or qu'il tirait à la fois
Du peuple, des marchands, des nobles et des rois.
Car il prêtait à tous, étendant son système
Du fer de la charrue à l'or du diadème !
Donc il ne perdit plus ce cher oncle des yeux !

Et bientôt il le vit, marchant silencieux,
Écoutant si ses pas n'éveillaient pas dans l'ombre
Un indiscret écho, sous une voûte sombre
Disparaître, fermant, au bout d'un corridor,
Une porte de fer, celle de son trésor !
Trois jours fit le neveu sa garde accoutumée,
Et trois jours il trouva la porte refermée
Lorsqu'il voulut l'ouvrir pour descendre après lui !
Bref ! il désespérait presque, lorsque aujourd'hui,
Soit oubli, soit terreur, quelle que soit la cause,
Enfin, il a trouvé cette porte mal close...

GRIMALDI, faisant un mouvement.

Imprudent que je suis !...

LÉLIO, l'arrêtant.

Nous touchons à la fin !
Un peu de patience !...

FASIO, caché.

Ah ! je comprends enfin !

LÉLIO.

Il ferma cette porte, et dans la nuit profonde
Descendit lentement en cherchant la seconde,
La trouva ; puis, songeant qu'en ces occasions

On ne prenat jamais trop de précautions,
Il fit de celle-ci comme de la première :
Là, celui qu'il cherchait, à la pâle lumière
De sa lanterne sourde, à même d'un trésor,
Jusqu'au coude trempait ses bras maigris dans l'or !
Ils étaient seuls, aucun n'était là pour entendre,
Et sans rien demander, le plus fort pouvait prendre.
Eh bien ! cet homme altier, comme un roseau plia,
Ainsi qu'un faible enfant, il pria, supplia...
Cherchant dans ce cadavre une fibre sensible,
Mais ce fut vainement, l'oncle fut inflexible...
Alors, se relevant comme un serpent roulé
Que l'on a trop long-temps d'un pied d'airain foulé,
Le jeune homme à son tour, d'une mortelle étreinte,
Dit, serrant le vieillard pâle et muet de crainte :
Mon oncle, à mon honneur vous avez fait défaut;
Ce n'est plus maintenant mille ducats qu'il faut,
Pour prolonger d'un jour ma splendeur éphémère,
C'est l'héritage entier que me laissa ma mère !

GRIMALDI.

Ta mère n'avait rien !

LÉLIO.

Mon oncle, sans remords,
Songez-y !... vous mentez à la face des morts.

GRIMALDI, reculant.

Par quel serment, quel saint, quel Dieu, te jurerai-je?

LÉLIO, marchant à lui.

Mensonge, je te dis!... mensonge et sacrilége,
Vieillard! Rends-moi cet or auquel tu sais mes droits!

GRIMALDI.

Jamais!...

LÉLIO.

Vieillard!...

GRIMALDI.

Jamais! plutôt mourir cent fois!

LÉLIO.

Mon Dieu!... Retenez-nous sur le bord de l'abîme!
Mon bien?...

GRIMALDI, cherchant à fuir.

Jamais! jamais!

LÉLIO.

Ah! je ferai le crime!
Une dernière fois, mon bien?... ou ce poignard...

GRIMALDI, dans le caveau voisin.

A l'aide!... ah! j'y consens!

LÉLIO.

Maintenant, c'est trop tard.

GRIMALDI, expirant.

Ah!

FASIO, cherchant une épée pour le secourir.

Quelque arme!...

S'élançant vers le caveau; puis, n'entendant plus rien, il s'arrête tout-à-coup.

Il est mort!...

Pause d'un instant, levant les bras et les yeux au ciel.

Que Dieu juge leur cause!

Il s'enveloppe de son manteau et se cache derrière un pilier; après un instant, Lélio sort du caveau, en ferme la porte derrière lui, rentre en scène pâle et muet, chancelle, s'appuie un instant au pilier en face de celui où est caché Fasio, puis va lentement à la trappe, s'agenouille, met la clef dans la serrure, mais, dans le trouble où il est, ne peut parvenir à l'ouvrir. Pendant ce temps-là Fasio s'approche lentement, enveloppé de son manteau, s'arrête derrière Lélio, regarde ses tentatives inutiles; puis, au bout d'un instant, lui posant la main sur l'épaule, lui dit avec tranquillité:

Je vais vous montrer, moi, comment s'ouvre la chose!

Lélio se relève vivement, tirant du même mouvement son épée; Fasio laisse tomber son manteau et se montre, calme, froid et prêt à tout, appuyé sur la sienne.

LÉLIO.

Ah ! Fasio !...

FASIO.

Lui-même... oui, comte Lélio.

LÉLIO.

Fasio !...

Regardant autour de lui.

Mais, comment en ce lieu, Fasio?

FASIO, *montrant la porte du fond.*

Vous êtes entré, vous, comte, par cette porte...

Montrant la porte latérale.

Moi, par celle-ci.

LÉLIO.

Donc, nous sommes deux ! n'importe,
Il était, sur mon ame, assez riche pour deux !

Et plutôt que risquer un combat hasardeux,
Si tu m'en crois...

FASIO.

Eh bien?

LÉLIO.

De ce trésor funeste
Quand j'aurai pris ma part, tu garderas le reste.

FASIO.

Votre part?

LÉLIO.

Oui, ma part!... N'as-tu pas entendu
Que mon bien par cet homme avait été vendu
Deux cent mille ducats, et que de cette somme
Il me frustrait? Eh bien, je puis en gentilhomme
Faire de mon poignard le glaive de la loi;
Mais je ne vole pas même un voleur!

FASIO.

Ni moi!

LÉLIO.

Ah!

FASIO.

Ma position diffère de la vôtre,

D'ailleurs, et l'on ne peut régler l'une sur l'autre.
Cet homme comme à vous ne tenait pas mon bien,
Et, ne m'ayant rien pris, ne doit me rendre rien :
Un hasard m'a conduit sous ces voûtes funèbres,
Où, malgré moi, j'ai vu, caché dans les ténèbres,
Un spectacle terrible, et dont je n'oublirais
Pas le moindre détail, quand même je vivrais
Jusqu'au jour, où tirés ensemble de l'abîme
Paraîtront devant Dieu meurtrier et victime !
Mais, comte, ce secret...

Il frappe sa poitrine.

Est là, dans son tombeau,

Et j'ai soufflé dessus comme sur un flambeau.

LÉLIO.

Me le jurerais-tu ?

FASIO.

Comte, je vous le jure !

Et que je sois damné si je deviens parjure.
Maintenant, monseigneur, je me retire, adieu ;
Je n'ai rien vu : la chose est entre vous et Dieu !

LÉLIO.

Tu ne fais pas ici, mon maître, en homme sage,
Crois-moi, retiens plutôt la fortune au passage ;
Comme je ne prendrai que ce qui m'était dû,

Le trésor presque entier alors sera perdu !
Soit qu'il reste enterré dans cette cave sombre,
Soit que, suivant les pas du meurtrier dans l'ombre,
La justice, en ce point moins sévère que toi,
Hérite de la part dont je ne veux pas, moi,
Et que, de mon plein gré, librement je te donne !

FASIO, faisant un mouvement pour se retirer.

Je vais prier le ciel, afin qu'il vous pardonne !

LÉLIO, le retenant.

Arrête, pauvre fou !... N'as-tu donc point assez
De ta creuse alchimie aux secrets insensés ?

Ouvrant la trappe.

Regarde si jamais tes sciences étranges
De pareilles moissons ont enrichi tes granges !
Où donc est le creuset où germe un tel trésor ?

FASIO.

Oh ! ne me tente pas, démon, avec ton or !

LÉLIO.

Mais, au lieu de cette ame incertaine et commune,
Prends donc enfin un cœur grand comme ta fortune.

5

Vois, elle t'offre plus que tu n'avais rêvé ;
Tu cherchais le grand œuvre, eh bien, tu l'as trouvé.
Donc, que le ciel en paix, mon maître, te maintienne !

Il emporte le manteau plein d'or.

Adieu ! voilà ma part !...

Lui montrant ce qui reste.

Et toi, voilà la tienne !

Il sort.

SCENE IV.

FASIO, *suivant Lélio.*

Monseigneur! monseigneur! est-ce que vous partez?
Me laissant seul ici!... Restez, comte, restez!

On entend Lélio qui referme la serrure en dehors; Fasio reste un
instant incertain; puis, à son tour, il pousse les verrous en dedans.

Eh bien! que votre vœu, monseigneur, s'accomplisse.
Au lieu d'un confident, vous avez un complice.
A moi cet or, à moi!...

FRANCESCA, dans le laboratoire.

Fasio!

FASIO, tressaillant.

Qui va là?

FRANCESCA, se rapprochant toujours.

Fasio! Fasio!

Ouvrant la porte.

Fasio!

FASIO, s'élançant vers elle.

Me voilà!

SCENE V.

FASIO, FRANCESCA.

FRANCESCA.

Qu'est-il donc arrivé?

FASIO.

Francesca, sois heureuse !

FRANCESCA.

Oh ! tu me dis cela d'une voix sombre et creuse!

FASIO.

C'est que je doute encor d'un bonheur trop nouveau!

FRANCESCA.

Qu'est-ce que cette porte, et quel est ce caveau?

Voulant rentrer.

Oh ! Fasio, j'ai peur !

FASIO.

Ne crains rien, bien-aimée !

Cette porte... c'était une porte fermée
Qui s'est rouverte à la commotion...

FRANCESCA.

Oui, bien !

Mais ce caveau, dis-moi...

FASIO.

Francesca, ne crains rien...

Il veut la conduire vers le trésor.

FRANCESCA.

Oh ! je n'ose avancer !

FASIO, regardant autour de lui avec une crainte mal dissimulée.

As-tu peur des fantômes ?

FRANCESCA.

Ce caveau, ce caveau...

FASIO.

C'est le séjour des gnômes.
Et ces fils de la terre aux cœurs intéressés
Apportent en ces lieux leurs richesses...

FRANCESCA.

Assez !

Par pitié, Fasio, pas de mots inutiles !

FASIO.

Eh bien! ici sans doute, en nos guerres civiles,
Quelque proscrit cacha, tout près de s'exiler,
Le trésor qu'un hasard vient de me révéler !

FRANCESCA.

Mais ce proscrit, dis-moi, ne peut-il reparaître?

FASIO.

'Ne crains rien, Francesca, ce trésor est sans maître;
Si bien que ce trésor...

FRANCESCA, cherchant.

Mais où donc est-il?

FASIO, s'éclairant avec la lanterne.

Voi !

PRANCESCA.

Dieu !

FASIO.

Ce trésor !

FRANCESCA.

Eh bien !

FASIO.

Francesca, c'est à moi !

FIN DU DEUXIÈME ACTE.

ACTE TROISIÈME.

ACTE TROISIÈME.

Un riche palais.

SCENE PREMIERE.

FRANCESCA, *au milieu de l'appartement*, FASIO, *debout à la porte.*

FRANCESCA, *s'adressant à plusieurs valets.*

Vous avez entendu?

Les valets s'inclinent et sortent.

FASIO.

La reine de la fête
A-t-elle tout réglé pour qu'elle soit parfaite?

FRANCESCA, allant à lui.

J'ai fait ce que j'ai pu pour conserver joyeux
Tes yeux, vivant miroir où sans cesse mes yeux
Cherchent les sentimens que ton cœur leur renvoie,
Pour pleurer à tes pleurs ou sourire à ta joie !

FASIO.

Eh bien ! ma Francesca, vous voyez qu'à présent
La richesse n'est point un fardeau si pesant,
Qu'on fait en peu de jours le noble apprentissage.
De laisser échapper un ordre à son passage,
Que la pauvre maison cède au riche palais,
Qu'on est plus promptement servi par vingt valets,
Et que l'on peut porter une robe lamée
Sans en être moins belle, et surtout moins aimée !

FRANCESCA.

Oui, je vois tout cela, mon adoré seigneur ;
Et pourtant j'ai gardé ma crainte au fond du cœur ;
Car je ne craignais pas cet or pour l'or lui-même,
Mais pour tous les malheurs dont je le vois l'emblème.
Oui, ce palais est beau, ces valets sont nombreux !
Oui, ces habits dorés couvrent un cœur heureux.
Cependant...

FASIO.

Eh bien, quoi ?

FRANCESCA.

Cependant... je soupire ;
Il me semble toujours que contre nous conspire
Cet ennemi de Dieu, dont le pouvoir fatal
Embellit tout chemin qui mène vers le mal :
Les beaux jours sont restés dans la pauvre demeure !
Tu me parlais d'amour, n'est-ce pas, tout-à-l'heure?
Eh bien, ces mots charmans, ils m'ont paru moins doux,
Parce qu'en les disant, ami, tu disais : vous !
Dans notre humble maison, à la tenture noire,
Jadis, lorsque, sortant de ton laboratoire,
Tu me voyais l'œil triste et le front abattu,
Souviens-t'en, Fasio, tu me disais : Qu'as-tu ?

FASIO.

Oui; mais l'or, sous lequel tu crois que tout s'efface,
Peut respecter le fond en changeant la surface :
Il est une étiquette, aux riches de rigueur,
Dont le pauvre s'exempte au profit du bonheur !
Je le sais, et je sais encor que nul n'envie
L'heureuse pauvreté qui peut voiler sa vie,
Et n'a de ce bonheur qu'elle cache avec soin,
Qu'elle pour confidente, et que Dieu pour témoin ;
Mais je n'ignore pas que, dès que la fortune
A tiré son élu de la foule commune,
On voit, autour de lui, comme des loups rôdans,
Les envieux sourire en lui montrant les dents !
L'avertissant tout bas que leur meute assidue,

Ainsi que font les loups d'une brebis perdue,
Déchirerait soudain tout imprudent bonheur
Qu'il laisserait sortir un instant de son cœur !
Donc, à ces envieux dont la foule nous presse,
Ne pouvant, Francesca, cacher notre richesse,
Il faut, du moins, voiler notre bonheur d'époux ;
Comme des étrangers, nous dire en parlant : vous !
Il faut, pour qu'on nous croie ennuyés et maussades,
Nous montrer l'un sans l'autre aux bals, aux prome-
                                                  nades ;
Aux deux bouts du palais avoir, séparément,
Chacun notre service et notre appartement :
Ainsi nous dérobons à ce souffle d'envie
Qui poursuit les heureux, une part de la vie,
Où nul œil indiscret jamais ne nous suivra,
Et que comme l'Éden un ange gardera !
Puis, si malgré les soins que nous prenons d'avance,
De l'horizon vers nous un nuage s'avance,
Mon souffle et mes baisers bientôt écarteront
L'ombre qu'il jetterait en passant sur ton front ;
Et j'aurai toujours soin que l'orage s'enfuie,
Sans que versent tes yeux une goutte de pluie.

FRANCESCA.

Oh ! que ta douce voix connaît bien, Fasio,
Comme on endort mon cœur !

LE VALET, |annonçant.

Le comte Lélio !

FASIO.

Allez ; et dans ce lieu, si vous doutez encore,
Revenez promptement sous les habits de Laure ;
Car, toujours désireux, ainsi qu'au premier jour,
Pétrarque attend ici son beau laurier d'amour !

A Lélio.

Salut, comte !

SCENE II.

LÉLIO, FASIO.

LÉLIO, à Francesca, qui se retire.

Salut !

Francesca sort; Lélio s'approche.

Bonjour, mon noble orfèvre...

Il regarde autour de lui.

Ah ! nous ne trempons pas le bout de notre lèvre,
A ce qu'il nous paraît, dans la coupe du sort ;
Mais nous buvons à même !... et buvons à plein bord !
Cela me fait plaisir, et je vous félicite ;
Car je ne vous fis pas plus tôt cette visite,
Craignant tout le contraire ! Il n'en est rien ! tant mieux!
J'aime les cœurs contens et les esprits joyeux !

FASIO.

Monseigneur !

LÉLIO.

Oui, je sais, ainsi que tout Florence,
Que l'alchimie enfin, comblant ton espérance,
Du grand œuvre a pour toi retrouvé le trésor,
Et qu'ainsi que Dieu fait les cailloux, tu fais l'or !
Eh bien, mon cher ami, c'est une bonne affaire...
Fais de l'or ! Fasio, tu n'en saurais trop faire !
Tant aux flammes du jeu l'or fond vite ! et pareil
A la neige fondante aux flammes du soleil !

FASIO.

Comte, pardonnez-moi; mais c'est vraiment folie,
Si vous faites moitié de tout ce qu'on publie !
Il me revient de vous un récit effrayant ;
Et vous vivez, dit-on, comme un roi d'orient :
C'est bien ; mais, eussiez-vous le trésor moins précaire
Du prince de Bagdad ou du soudan du Caire,
En y puisant ainsi d'une prodigue main ,
Vous en verriez le fond entre hier et demain !

LÉLIO.

Par le ciel, Fasio, tu parles en prophète !
Mais qu'importe le temps que doit durer la fête,
Si, comblant nos souhaits, de son cours radieux
La splendeur inouie émerveille nos yeux !...
Mieux vaut qu'être un feu pâle et qui n'a rien à craindre,
Briller comme un soleil un seul jour, et s'éteindre;
Et puis, d'ailleurs cet or répugne à ma vertu...
Cet or vient de l'enfer, et me brûle !... entends-tu ?

FASIO.

Oui, j'entends, comte.

LÉLIO.

                    Eh bien! il me faut des journées,
Pleines de temps perdu, d'heures désordonnées;
Des meutes, des chevaux, des maîtresses, des bruits!
Oui, voilà ce qu'il faut à mes jours !... Pour mes nuits,
Elles veulent bien plus, tant elles marchent lentes :
Que les fouette le jeu de ses verges brûlantes!

Mais ce qu'il faut surtout à mes nuits, à mes jours,
C'est la clarté du ciel, ou des flambeaux... toujours !...
Car, si je demeurais un seul instant dans l'ombre,
Il me semblerait voir, vers l'angle le plus sombre,
Me montrant de son doigt une blessure au flanc,
Un spectre se dresser dans son linceul sanglant !
Tu vois que la raison pour moi serait folie ;
Donc mieux vaut être fou !... car étant fou... j'oublie !

FASIO.

Mais ne craignez-vous pas qu'il ne vienne un moment
Où chacun se demande, et cela justement,
En voyant Lélio mener si folle vie,
D'où lui vient tant d'argent qu'au duc il fait envie?
Puis, une fois lancé sur ce chemin nouveau,
Qu'on ne s'arrête enfin qu'à ce fatal caveau
Où l'on retrouverait, montrant aussi sa plaie,
Le corps de celui-là dont l'ombre vous effraie?

LÉLIO.

Fasio ! tu pourrais peut-être avoir raison,
Si je n'allais plus vite encor que le soupçon.
Parti du haut du mont où demeure la foule,
Oh ! je ne descends plus sur sa pente, j'y roule !
Or, avant qu'elle ait pu de moi se rapprocher,
Je me serai brisé contre quelque rocher.

FASIO.

Comte, que dites-vous?

LÉLIO.

Je dis que cette vie
Ne mérite qu'on l'aime et surtout qu'on l'envie,
Qu'autant que le plaisir d'une prodigue main
Couvrira de ses fleurs les ronces du chemin :
Or, les fleurs, du plaisir, c'est l'or qui les octroie :
Plus d'or, plus de bonheur ! plus d'amour ! plus de joie !
Un désert, où, tout nu, pour retarder sa fin,
L'un lutte avec le froid, et l'autre avec la faim.
Oh ! ce n'est pas ainsi, j'en jure sur mon ame,
Poussé par la misère en quelque mare infâme,
Après avoir vogué sous un soleil si beau,
Qu'à moitié de son cours sombrera mon vaisseau ;
Oui, quand pour satisfaire à mon ardeur avide,
De mon dernier ducat mon coffre sera vide,
Mon voyage ici-bas sera clos et parfait :
Un coffre vide ! eh bien, c'est un cercueil tout fait !

FASIO.

Vous vous tuerez, comte ?

LÉLIO, tranquillement.

Oui.

FASIO.

Vous êtes en délire.

LÉLIO.

C'est comme j'ai l'honneur, mon cher, de te le dire !

D'avance, seulement, je ne décide rien,
Et je balance encor sur le choix du moyen.
Mais, le jour arrivé, j'aurai trois portes prêtes :
L'Arno, fleuve au doux nom, chanté par les poètes,
Qui, lorsqu'on le choisit pour éteindre un flambeau,
Offre tout à la fois la mort et le tombeau ;
Nos poisons, autrefois renfermés dans Florence,
Mais dont les Médicis ont enrichi la France,
Et qui sont si parfaits que, sans mal, sans effort,
Celui qui les a pris meurt en croyant qu'il dort ;
Enfin de ces poignards dont la trempe est si fine
Qu'on n'a qu'à les poser, je crois, sur sa poitrine,
Puisqu'ils entrent tout seuls, et si profondément,
Que la victime tombe et meurt en un moment.

FASIO.

Comment pareille idée est-elle à vous venue ?

LÉLIO.

Oh ! depuis bien long-temps c'est chose convenue !
Et je ne sais comment d'un nuage pareil
J'ai pu, même un instant, obscurcir ton soleil !
D'ailleurs j'étais ici venu pour autre chose :
Mon cher, c'est merveilleux, depuis qu'on te suppose
Possesseur du secret, hélas ! trouvé par moi,
Vrai ! c'est à qui fera connaissance avec toi !
Et, pas plus tard qu'hier, une femme charmante,
Que le même désir, il me paraît, tourmente,

M'a dit : « Si je ne vais demain chez Fasio,
Je me brouille avec vous, monseigneur Lélio. »
J'ai rempli mon message ; accepte ou bien refuse,
Je ne demande pas, mon cher, même une excuse,
La dame étant l'objet d'un amour fort ancien,
Auquel je ne tiens plus que par... ma foi, par rien.

FASIO.

Point. Amenez ici, comte, qui bon vous semble ;
En sommes-nous venus à nous gêner ensemble ?
Vous savez, seulement, pour plus de liberté,
Que le masque est la loi dont nul n'est excepté.
Maintenant amenez votre belle inconnue,
Et quelle qu'elle soit, elle est la bienvenue.

Paraissent au fond : Aldini, Spada et Rafaello.

LÉLIO.

Je te laisse jouir de toute ta grandeur.

FASIO.

Comment?

LÉLIO, lui montrant les trois jeunes gens.

Regarde. Un fat, un poète, un flatteur !
C'est une cour, mon cher, et cour des plus parfaites.

Il sort.

SCENE III.

FASIO, ALDINI, SPADA, RAFAELLO.

ALDINI.

Salut à Fasio, le noble roi des fêtes !
Alchimiste puissant dont l'art fait aujourd'hui
De l'or ainsi que Dieu, mais qui, plus grand que lui,
Loin qu'au centre du monde, avare, il le dérobe,
Magnifique, l'étend sur la face du globe !

FASIO.

Excusez l'embarras que me cause, seigneur,
Alors qu'il vient de vous, un tel excès d'honneur !
A l'humble orfèvre encor ces mots semblent étranges,
Je suis riche d'hier et peu fait aux louanges.

SPADA.

Tu l'as dit, Fasio, voilà, riche d'hier ;
Eh bien ! à ton habit cela se voit, mon cher.
Je ne suis point flatteur, moi qu'au contraire on flatte,
Mais que diable fais-tu d'une robe écarlate ?
Voilà bientôt, mon cher, plus d'un siècle écoulé,
Que l'on n'en porte plus que pour être brûlé.

Tiens, veux-tu d'une mode élégante et nouvelle?
Elle vient de Venise,

Montrant son costume.

Et voici le modèle.

FASIO.

Je ne me soustrais pas à votre royauté,
Sire; mais j'espérais que votre majesté
Adoucirait ces lois qu'elle rend en tétrarque,
En songeant que ma robe est celle de Pétrarque.

SPADA.

Pitoyable raison! mon cher, en général,
Le poète a le tort de s'habiller fort mal.
Cela, j'en ai grand' peur, tient aux gens qu'il fréquente.

Lui montrant Rafaello.

Tiens, regarde plutôt, la preuve est éloquente !

FASIO.

Vous m'êtes présenté d'une étrange façon,
Seigneur Rafaello ; n'importe, ma maison
De vous avoir reçu se tient fort honorée.
Auriez-vous oublié votre lyre dorée ?
Ce serait un oubli douloureux, sur ma foi ,
Pour tous, seigneur poète, et plus encor pour moi !

RAFAELLO.

O très-puissant seigneur, quelle lyre insensée
Pourrait, en son orgueil, concevoir la pensée
De chanter sur un ton digne de son objet
Un homme tel que vous? Pour un pareil sujet,
Il faudrait, en naissant, avoir de quelque fée
Reçu l'ame du Dante et la lyre d'Orphée.

FASIO.

Ah! fi, Rafaello, s'il est, hors de l'Éden,
Quelque coin virginal du terrestre jardin
Où ne doit pas pousser parmi l'herbe fleurie
Cette plante des cours qu'on nomme flatterie,
Poète, c'est, crois-moi dans le cœur inspiré
Que de son saint amour la muse a consacré.
Celui qui doit du beau faire sa seule règle
Aura-t-il donc de Dieu reçu des ailes d'aigle
Pour aller, de soi-même oubliant le respect,
S'abattre, vil corbeau, sur un fumier infect?
A ton manteau de roi faire une telle tache,
C'est vil, Rafaello! Rafaello, c'est lâche!

RAFAELLO.

O merci, Fasio, de me parler ainsi;
Mais tu m'excuseras! Oh! pardon et merci!
Car c'est l'orgueil des grands qui fait notre bassesse;
Ils veulent à leurs pieds nous voir courbés sans cesse,

Parce qu'humiliant leurs regards orgueilleux,
Quand nous nous relevons, notre front touche aux cieux.
Oui, c'est la mort de l'art et de la poésie,
Qu'il nous faille verser. cette fade ambroisie
Au riche qui toujours croit la payer trop cher,
Et qui.nourrit la muse avec un pain amer !
Mais pour l'ame que l'or n'a point encor flétrie,
Mais pour le cœur qui bat au nom de la patrie,
Mystérieux écho des vieilles libertés,
Le poète a des chants plus nobles... Écoutez.

Quelle main vengeresse, ô superbe Italie,
A fait choir le bandeau de ta tête avilie?...
            Où sont tes aigles d'or,
Que le soleil levant saluait sur l'Euphrate,
Et qui, dans la Bretagne, au couchant écarlate,
            Étincelaient encor !

Reine des nations, quelle chute est la tienne,
Qui t'a faite pareille à l'esclave chrétienne ?
            Que des bourreaux armés
Ont liée au poteau dans un amphithéâtre,
Et qui pour elle voit autour d'elle combattre
            Des lions affamés !

Hélas! hélas! c'est toi qui t'es mise à toi-même
La couronne d'épine au lieu du diadème ;
            Et de tes passions
C'est toi qui sans pitié te forgeant une chaîne,
Te fis esclave, et vins à ton poteau de chêne
            T'exposer aux lions !

O vous à qui la gloire au front mit une étoile,
Vous dont la main fait vivre et le marbre et la toile,
    Hommes élus du ciel,
Priez votre Jésus, sublime Michel-Ange,
Et vous, votre Marie, ô beau peintre au nom d'ange,
    O divin Raphaël.

Et vous, poètes saints à l'ame ardente et rare,
Exilé de Florence, et captif de Ferrare;
    O Dante! ô Tasse! ô vous
Que votre âge a proscrits et que notre âge honore,
L'un avec Béatrix, l'autre avec Léonore,
    Priez à deux genoux.

Priez incessamment, priez pour l'Italie,
Qu'ont ses propres enfans, vivante, ensevelie...
    Priez, cœurs pleins de foi!
Afin qu'au jour caché, que l'avenir prépare,
Vienne la liberté, comme Christ à Lazare...
    Lui dire : Lève-toi!

On commence à entrer.

FASIO.

Dieu bénisse cette heure et la fasse prochaine!
Tenez, Rafaello, conservez cette chaîne,
Si bas qu'en soit le prix, en mémoire de nous.
Et maintenant on vient; messeigneurs, masquez-vous.

SCENE IV.

FRANCESCA, à Fasio.

Fasio, que dit-on ? que, par vous invitée ,
La Maddelena doit... elle s'en est vantée,
Venir ici ce soir?

FASIO, à part.

Ah ! serait-ce elle...

FRANCESCA.

Eh bien ?

FASIO, à part.

Qu'amène Lélio ?

FRANCESCA.

Vous ne répondez rien?

FASIO.

Mais comment voulez-vous, dites, que je réponde ?
Ces salons, ces jardins se remplissent de monde ;
Sans être convié, quelqu'un ne peut-il pas
Passer inaperçu ?

FRANCESCA

Certes ; mais, dans ce cas,
Il faut, dès que l'on sait qu'au milieu d'une fête
Une pareille insulte à la pudeur est faite,
Découvrir le coupable et...

FASIO.

Francesca, je croi
Que ce serait par trop de fatigue pour toi,
Si, prise tout-à-coup d'un caprice fantasque,
Il te fallait chercher un nom sous chaque masque.
Laisse donc, Francesca, crois-moi, cela vaut mieux,
Cette nuit de plaisir suivre son cours joyeux,
Sans plus t'inquiéter si, parmi cette foule,
Fleuve capricieux qui sous nos yeux s'écoule,
Battu des passions, il est un flot obscur
Qui du ciel a cessé de réfléchir l'azur.

FRANCESCA, à part.

Elle est ici !

FASIO.

Messieurs, excusez, je vous prie.

LE PODESTAT, entrant.

Bonjour, maître !

FASIO.

Salut à votre seigneurie.
Je lui reprocherai de venir un peu tard.

LE PODESTAT.

C'est vrai, ma seigneurie est d'une heure en retard.

FASIO.

C'est ce dont je me plains.

LE PODESTAT.

Ah! je n'ai pu mieux faire.
Le duc m'a retenu pour une sotte affaire.
Il paraît qu'à propos de ce vieux Grimaldi...
On s'inquiète...

FASIO.

Vrai?... Serait-ce trop hardi
Que de vous demander d'où vient l'inquiétude?

LE PODESTAT.

Voilà... Depuis long-temps il avait l'habitude
D'aller tous les matins chez un de ses amis.

FASIO.

Je ne lui connaissais, moi, que des ennemis.

LE PODESTAT.

Eh bien ! voilà huit jours que notre vieil avare
Chez l'autre n'a paru.

FASIO.

Tiens ! la chose est bizarre !

LE PODESTAT.

Si bien que tu comprends, cher ami, que le duc,
Sachant que le bonhomme était vieux et caduc,
A peur qu'en sa maison, qu'il habitait sans suite,
Il ne soit dans un coin mort d'une mort subite !...
Voilà le seul motif de mon retard, d'honneur.
Eh bien ! suis-je excusé?...

FASIO.

Vous l'êtes, monseigneur.

Lélio et la Maddelena entrent masqués.

LE PODESTAT.

Mais sais-tu que vraiment cette fête est divine?

Regardant Lélio et la Maddelena.

Quel est ce Raphael avec sa Fornarine?

FASIO.

Je n'en sais rien.

LE PODESTAT.

Vraiment?

FASIO.

Non.

LE PODESTAT.

Est-ce Aurélio,
Le conseiller du duc?... Eh mais, c'est Lélio.

LÉLIO, au Podestat, en lui tendant la main.

Pardieu! vous me tirez d'un embarras extrême!
Qui diable irait chercher un magistrat suprême
Sous l'habit d'un sorcier, lorsque c'est son état
De les brûler?

LA MADDELENA.

Salut, monsieur le Podestat!

FASIO.

Dieu! cette voix!...

LE PODESTAT.

Salut, ma belle Transtévère...

Essayant de soulever le masque.

Peut-on...?

LA MADDELENA, *lui frappant les doigts de son éventail.*

On ne peut pas.

LE PODESTAT.

Ah ! nous sommes sévère !

LA MADDELENA.

Très-sévère.

LE PODESTAT, *saluant et se retirant.*

En ce cas, madame...

LA MADDELENA, *après avoir salué.*

Lélio,
Est-ce là, dites-moi, le seigneur Fasio ?

FASIO.

Lui-même.

LA MADDELENA.

De vous voir je suis vraiment charmée ;

Je vous connais, seigneur, par votre renommée ;
Mais ce n'est plus assez, maintenant qu'il n'est bruit
Que de votre art magique et de ce qu'il produit...
Ainsi donc, vous saurez, seigneur, que je m'attache
Pour toute la soirée à vous.

LÉLIO.

Point ; je me fâche.
Que lui voulez-vous donc demander de si près ?

LA MADDELENA.

Comment on fait de l'or, pour vous le dire après.

LÉLIO, abandonnant son bras.

En faveur du motif, la chose est accordée.

Fasio prend le bras de la Maddelena, Lélio lui dit à demi-voix.

D'un caprice pour vous je la crois possédée.
En ce cas, monseigneur, remerciez le sort...
Et ne vous gênez pas pour moi... vous auriez tort.

LE PODESTAT, qui est resté au fond, appuyé contre une colonne,
arrêtant Lélio au passage.

Où courez-vous ainsi ?

LÉLIO.

Je cours à quelque table

7

Où je puisse, mon cher, jouer un jeu du diable !
Venez-vous avec moi ?

LE PODESTAT.

Non pas, je reste ici ;
Je joue un autre jeu.

LÉLIO.

Bonne chance !

LE PODESTAT.

Merci.

Francesca paraît à la porte à droite du spectateur, et, voyant une
femme au bras de son mari, s'arrête.

LA MADDELENA.

Croiriez-vous que j'espère, en mon orgueil étrange,
Que vous savez mon nom ?

FASIO.

Je sais tous les noms d'ange !...
Ah ! vous croyez pouvoir naître ainsi dans le ciel,
Avoir été là-haut Zéphon ou Gabriel ;
Puis, afin d'accomplir je ne sais quel mystère,
Changeant ce nom divin contre un nom de la terre,
Un jour nous apparaître ici-bas, espérant

De rester inconnue en vous transfigurant !
C'est par trop oublier que nous avons une ame
Qui vient du même ciel d'où vous venez, madame.
Quant à moi, je n'ai pas un instant hésité
A reconnaître en vous votre divinité :
Donc, je tombe à vos pieds, malgré vos airs modestes,
Et je baise le bout de vos ailes célestes.

LA MADDELENA.

Le ciel vous a doué d'un sens par trop subtil
Pour qu'on vous cache rien.

FRANCESCA.

A qui donc parle-t-il ?

FASIO.

Voulez-vous faire un tour en cette galerie ?

LA MADDELENA.

Mais avec grand plaisir... Menez-moi, je vous prie.

Ils sortent par la porte à gauche du spectateur.

FRANCESCA.

Mais non, c'est impossible !... et je me trompe...

LE PODESTAT, s'avançant et se démasquant.

Non.

Vous ne vous trompez pas.

FRANCESCA.

Ici, dans ma maison?

LE PODESTAT.

Ici même !

FRANCESCA.

Au mépris des droits de la famille,
Ici ! près du berceau dans lequel dort ma fille !
Ils n'auraient point osé me faire cet affront !

LE PODESTAT.

En doutez-vous encor? regardez à son front!

Ils reparaissent dans la galerie du fond, allant de gauche à droite.

FRANCESCA.

A son front? Vous voulez dire ce diadème,
N'est-ce pas?

LE PODESDAT.

Les voici, venez !

FRANCESCA.

C'est elle-même !

Je l'avais reconnue, allez, du premier coup.

Ils entrent en scène par la porte du fond ; le Podestat et Francesca
se tiennent dans l'angle à gauche.

LA MADDELENA.

Cela fait son éloge, et le vôtre surtout,
Un tel amour doit rendre une ville orgueilleuse.
Florence est la cité sainte et miraculeuse.

FASIO.

Vous ne connaissez point, madame, Francesca :
C'est un cœur virginal à qui rien ne manqua
Pour vivre saintement dans une humble fortune,
Mais que le monde effraie et le luxe importune.

LA MADDELENA.

Oh ! je ne vous dis pas le contraire, vraiment :
Vous êtes, monseigneur, bon juge en diamant.
Assez donc sur ce point, et parlons d'autre chose.
Vous avez connaissance, au moins je le suppose,
Du décret qu'a rendu le grand duc ces jours-ci ?

FASIO.

Non.

LA MADDELENA.

Vraiment ?

FASIO.

Sur l'honneur; quel est-il?

LA MADDELENA.

Le voici :
Par nous défense est faite à tout amant fidèle
D'employer dans ses vers le mot de tourterelle.
Un homme en sa constance ayant vaincu l'oiseau,
Au lieu de tourterelle, on dira Fasio.

FASIO.

C'est la première fois que pour ma pénitence,
J'entends par une femme accuser la constance.

LA MADDELENA.

Ne dites pas cela : je ne l'accuse point,
Et vous veux, monseigneur, détromper sur ce point.
Lorsqu'un homme possède un trésor aussi rare,
Il n'est point étonnant que, pareil à l'avare,
Nuit et jour, ardemment il le couve des yeux,
Et ne voie après lui rien de plus précieux.
Seulement, monseigneur, je regrette en mon ame,
Regrets bien naturels dans le cœur d'une femme
En voyant tant d'amour, que ne m'ait pas encor
Un avare pareil prise pour son trésor.

FASIO.

Eh bien, vous me quittez?

LA MADDELENA.

Oui, cet amour extrême
Me touche et me fait faire un retour sur moi-même;
Vous ne me verrez plus.

FASIO.

Ne plus vous voir, grand Dieu!

LA MADDELENA.

Oui, c'en est fait, je veux au monde dire adieu.

FASIO.

Et quel est le couvent où vos fautes divines
Vont chercher leur pardon?

LA MADDELENA.

Celui des Ursulines.

FASIO.

Vous allez prononcer d'indissolubles vœux;
Vous allez aux ciseaux livrer ces beaux cheveux
Dont un seul eût suffi, telle est notre faiblesse,
Pour nous conduire tous à votre suite en lesse.

Oh! vous n'en ferez rien, car on aura surpris
Votre religion.

LA MADDELENA.

Non, c'est un parti pris.

FASIO.

Et quel chagrin subit, quelle douleur profonde
A donc jeté son crêpe entre vous et le monde?
Sans indiscrétion, pourrait-on le savoir ?

LA MADDELENA.

Hélas! c'est, monseigneur, un amour sans espoir.

FASIO.

Comment?

LA MADDELENA.

Par un valet voulez-vous faire dire
Au comte Lélio que pour me reconduire
Je l'attends?

FASIO.

Quoi déjà !

LA MADDELENA.

Faites.

FASIO.

J'obéis.

LA MADDELENA.

Bien.

FASIO, revenant à elle.

Ce projet me confond, et je n'y comprends rien.
Un amour sans espoir? dites-vous, sur mon ame,
De ma crédulité vous vous raillez, madame.

LA MADDELENA.

Non, c'est la vérité : je n'ai plus de salut
Que dans un cloître saint ! Vous savez ce que lut,
Aux portes de l'enfer, l'exilé de Florence :
« Vous qui passez le seuil, laissez-y l'espérance. »
Eh bien, cette légende, elle veut dire, hélas!
Que l'enfer est partout où l'espoir n'entre pas.
Or, n'ayant plus d'espoir, l'enfer est dans mon ame,
Et je vais prier Dieu d'en éteindre la flamme.

FASIO.

Et qui vous fit venir au cœur ce doute amer,
Que l'on pourrait vous voir et ne pas vous aimer?
Oh ! vous, madame, vous, si charmante et si belle...
Vous, dans le monde entier, trouver un cœur rebelle?

Vous, vivante statue au suave contour,
Pour qui tout jusqu'au marbre a des regards d'amour.
Vous dédaignée !... Oh! non, impossible, un Dieu même
Mettrait à vos genoux sa puissance suprême
S'il croyait vous fléchir par un tel abandon.
Oh ! demeurez sans masque.

LA MADDELENA.

       Oui, vous avez raison,
Il cacherait trop tard la rougeur de ma joue.

LE VALET.

Le comte Lélio fait répondre qu'il joue.

FASIO, joyeux.

Ah !

LA MADDELENA.

 Vous voyez pour moi jusqu'où va le dédain :
Qu'il vienne seulement pour me donner la main
Jusques à ma litière : il sait, m'ayant conduite,
Que je suis dans ce bal sans valets et sans suite.

FASIO.

De tout concilier je vous offre un moyen.
Prenez mon bras, madame...

LA MADDELENA.

       Allons, il le faut bien.

Ils sortent par la porte à droite du spectateur.

LE PODESTAT.

Mais, vraiment, tout ceci n'est que galanterie !

FRANCESCA.

Allez me le chercher, monseigneur, je vous prie ?

LE PODESTAT.

J'y vais !

FRANCESCA.

J'attends ici.

Le Podestat sort.

Pardon ! mon Dieu, pardon !
Si, me plaignant parfois d'un frivole abandon,
Comme pour un malheur, dans nos jours de misère,
Je vous ai quelquefois adressé ma prière,
Je croyais pour si peu que l'on pouvait mourir ;
Car je ne savais pas ce qu'on nomme souffrir.
Cette douleur par moi jusqu'alors incomprise,
Depuis une heure, hélas ! vous me l'avez apprise,
Et ce qu'on peut souffrir d'un réel abandon,
Je le sais maintenant. Pardon, mon Dieu ! pardon !

SCENE V.

FRANCESCA, FASIO, LE PODESTAT, *qui reste au fond.*

FASIO.

Me voilà, Francesca, qu'avez-vous à me dire ?

FRANCESCA.

C'est vous enfin ?

FASIO.

C'est moi, je m'empresse à souscrire
Au désir que tu m'as fait transmettre.

FRANCESCA.

C'est bien !

FASIO.

Qu'as-tu donc, Francesca ? tu trembles !

FRANCESCA.

Je n'ai rien !

FASIO.

Si tu n'as rien, comment alors es-tu si pâle?

FRANCESCA.

Vous aviez tout-à-l'heure, au bras, dans cette salle,
Une femme masquée?

FASIO.

Oui.

FRANCESCA.

Savez-vous son nom?

FASIO.

Non, je ne le sais pas.

FRANCESCA.

Non!

FASIO.

Je vous dis que non!

FRANCESCA.

Eh bien! je le sais, moi, voulez-vous le connaître?

FASIO.

Alors, excepté vous, nul ne le sait, peut-être.

FRANCESCA.

Vous mentez, Fasio, cette Fornarina,
Vous le savez bien, vous! c'est la Maddelena.

FASIO.

Eh bien! après?

FRANCESCA.

Après!

FASIO.

Oui! quand ce serait-elle?

FRANCESCA.

Fasio! vous savez quelle crainte mortelle
Dès l'heure où je la vis, cette femme toujours
Comme un voile de deuil jeta sur nos amours.
Vous savez qu'elle était, me poursuivant sans trèves,
Un démon à mes jours, un fantôme à mes rêves!
Vous savez que son nom, devant moi prononcé
Allait frapper mon cœur, ainsi qu'un fer glacé,
Et vous savez encor que si sur quelque place
Le hasard nous poussait toutes deux face à face,
Je reculais soudain plus pâle que celui
Qui voit sortir de terre un spectre devant lui :
Vous saviez tout cela! car ma voix et mes larmes
Vous ont redit cent fois mes jalouses alarmes,

Et pourtant sans pitié, Fasio ! c'est bien mal,
Vous avez invité cette femme à ce bal !

FASIO.

Vous vous trompez.

FRANCESCA.

Comment?

FASIO.

Cette femme est venue
Conduite par quelqu'un. Je ne l'ai reconnue.
Que trop tard.

FRANCESCA.

Ah ! tant mieux puisqu'il en est ainsi;
Vous ne souffrirez pas qu'elle demeure ici,
Et vous la chasserez, comme une courtisane
Qui souille un temple saint de son aspect profane :
Car le toit d'une épouse est un temple écarté
Où, debout sur le seuil, veille la chasteté !

FASIO.

Chasser quelqu'un qui vient chez moi, sur ma parole,
Ou vous n'y songez pas, ou vous devenez folle.

FRANCESCA.

Hélas ! vous l'avez dit ! Oui, Fasio, je crois,

Que je deviens vraiment folle, pour cette fois ;
Car mon front est brûlant, mon sang bout, et ma lèvre
Tremble, en vous le disant, d'une effroyable fièvre !
Oui, plutôt que vous voir entre ses bras maudits,
J'aime mieux vous voir mort, oui, mort ! Je vous le dis.
Je suis, songez-y bien, de ces Italiennes,
Constantes en amour, mais terribles en haines,
Que le ciel fit sans doute en un jour de courroux.
Car, pour vaincre l'ardeur de nos transports jaloux,
Il ne nous donna point la patience sainte,
Et notre miel d'amour tourne vite en absinthe.
Hâte-toi donc, crois-moi, de souscrire à mes vœux,
En chassant cette femme ! Entends-tu ? je le veux !

FASIO.

Tu le veux !... Et c'est toi qui parles de la sorte ?
La douce Francesca veut !... très-bien, je supporte
Ces mots en souvenir de nos jours d'autrefois...
Mais qu'ils aient été dits pour la dernière fois !
Et puis, j'ajouterai que vous y preniez garde,
Que je me lasse enfin d'être sous votre garde,
Que je suis homme et libre et maître dans ce lieu !

FRANCESCA.

Et moi, je répondrai que j'avais devant Dieu
Reçu de votre foi cet anneau pour otage,
Que vous avez juré de m'aimer sans partage,

Aux pieds des saints autels, et qu'à votre serment
Vous mentez aujourd'hui, monseigneur, lâchement;
Donc, puisque le parjure est chose si légère,
Choisissez de la femme ou bien de l'étrangère :
Je le sais, monseigneur, le choix est hasardeux;
Mais, nous ne pouvons pas rester toutes les deux !

FASIO.

Assez, madame, assez... voyez ! on nous écoute...
Demain il sera temps.

FRANCESCA.

Demain !

FASIO.

Eh ! oui, sans doute !
Tout ce que vous voudrez demain.

FRANCESCA.

Non, c'est ce soir.
Fasio, regardez mes pleurs, mon désespoir !
Fasio ! ce n'est point une folle querelle
Que je viens vous chercher ! non, l'heure est solennelle;
Car c'est l'heure qui doit briser ou réunir !

Et d'un même passé faire un double avenir.
Fasio, si chez vous cette femme demeure
Un seul instant de plus, Fasio, que je meure,
Si de votre maison ce n'est pas moi qui sors.
Quand je n'y serai plus ! eh bien ! eh bien ! alors,
Vous pourrez recevoir ici qui bon vous semble !
Mais cette femme et moi... jamais... jamais ensemble !

FASIO.

Vous êtes la maîtresse... ainsi donc agissez
Librement.

FRANCESCA.

Songez donc !

FASIO , sortant.

Assez, madame, assez.

FRANCESCA , après une pause.

Prends garde, Fasio, qu'au feu de sa colère
Dieu ne brûle le toit qui couvre l'adultère.

Elle s'éloigne.

LE PODESTAT.

Que vois-je! Francesca quittant seule ce lieu?

FRANCESCA, du haut du perron.

Fasio, Fasio! tu m'as chassée... adieu!...

FIN DU TROISIÈME ACTE.

ACTE QUATRIÈME.

ACTE QUATRIÈME.

———

Le laboratoire de Fasio ; à peu près le même caveau que celui qu'on a vu au second acte, plus une cheminée, des instrumens d'alchimie. Une fenêtre grillée par laquelle pénètre un rayon de la lune. Au deuxième plan à gauche, un grand escalier venant du magasin. Au premier plan à droite, la porte conduisant au caveau de Grimaldi et portant toutes les traces de l'explosion.

SCENE PREMIERE.

FRANCESCA , *descendant l'escalier, tenant à la main une torche.*

Tout est dit, j'ai manqué de forces pour l'épreuve...
Et, mon mari vivant, voilà que je suis veuve !
Voilà que, comme s'il était dans le cercueil
Son amour expiré va m'habiller de deuil !
Quand de cette maison la porte s'est rouverte,

Mon ancienne existence à mes yeux s'est offerte,
Comme un fantôme aimé, pâle, mais toujours beau,
A qui Dieu permettrait de sortir du tombeau.
En approchant du seuil, je me suis inclinée,
Car c'est là qu'il m'aima pendant toute une année,
Puis, seule, j'ai revu le logis déserté,
L'horloge marquant l'heure où nous l'avons quitté,
Le volet entr'ouvert et battu par les brises ,
Le lit enveloppé de ses courtines grises ,
Et j'ai, de ma douleur consolée à demi,
Reconnu chaque objet pour un ancien ami.
Puis, j'ai voulu revoir tout ce qui m'a perdue;
Dans ce caveau fatal me voilà descendue :
Je vous y trouve encor, ô noirs creusets de fer ,
Instrumens tentateurs inventés par l'enfer,
Nourrissant son esprit d'une folle espérance ;
C'est vous qui m'avez fait ma première souffrance,
Et pourtant jusqu'ici mon cœur vous a cherchés :
Vous m'êtes presque chers, sa main vous a touchés !
Oui, voilà les fourneaux éteints auprès de l'âtre,
La fenêtre par où de son rayon bleuâtre,
Tandis que j'espérais un avenir meilleur,
La lune visitait le nocturne veilleur.
Hélas ! cet avenir que je crus tutélaire,
Il est venu, mon Dieu, conduit par ta colère ;
Et le même rayon me voit au désespoir,
Assise au même siége où lui venait s'asseoir,
Tandis que seule ici, je l'appelle et je pleure...
Ah ! que fait-il là-bas dans sa riche demeure?

Sans doute, à cette femme il a déjà vingt fois
Comme il me le disait, avec sa douce voix,
Redit qu'elle est son bien et son bonheur suprême ;
Qu'il ne m'aimait pas, moi... que c'est elle qu'il aime !
Ah ! mon Dieu ! qu'ai-je fait pour tant souffrir ? Mais

non...

Peut-être qu'au contraire il prononce mon nom...
Qu'il s'aperçoit déjà que je manque à sa vie ;
Qu'en me voyant sortir, de loin il m'a suivie !
Et qu'il vient...

S'arrêtant et écoutant avec anxiété.

Pardonnez, mon Dieu, j'entends des pas,
On s'approche...

Un homme enveloppé d'un manteau, paraît au haut de l'escalier.

Quelqu'un ! je ne me trompais pas.
Un homme ! Fasio ! mon Fasio ! mon ame !

SCENE II.

FRANCESCA, LE PODESTAT.

LE PODESTAT, laissant tomber son manteau.

Ce n'est point Fasio ; vous vous trompez, madame !

FRANCESCA.

Oh ! qui donc êtes-vous ?

LE PODESTAT.

                Un homme dont les yeux
Connaissent ce que vaut le trésor précieux
Que Fasio dédaigne en son indifférence ;

Il descend l'escalier.

Je suis, après le duc, le premier de Florence.

FRANCESCA.

Le podestat ? Seigneur, que voulez-vous de moi ?
Oh ! ne m'approchez pas...

LE PODESTAT.

D'où vous vient cet effroi ?
Et comment à ce point craignez-vous la venue
D'un amant jusqu'ici si plein de retenue ?

FRANCESCA.

Pourquoi m'avoir suivie, et pourquoi dans la nuit
Venez-vous ?... Pas un pas, ou j'appelle !

LE PODESTAT.

Ah ! du bruit !
Madame, pardonnez, je venais pour vous dire
Que la Maddelena...

Il fait un pas pour se retirer.

FRANCESCA, faisant un pas en avant.

Parlez !

LE PODESTAT.

Je me retire,
Dès lors que mon aspect vous fait si grande peur.

FRANCESCA.

Je n'ai plus peur de rien... Vous disiez, monseigneur,
Que la Maddelena... Parlez donc ; que fait-elle ?

LE PODESTAT.

C'est trop au sérieux prendre une bagatelle.

FRANCESCA.

De grâce, monseigneur...

LE PODESTAT.

Parce que Fasio,
Remplaçant pour ce soir le comte Lélio...
A reconduit chez elle une femme sans suite...

FRANCESCA.

Ah ! vous n'avez pas dit qu'il l'avait reconduite ?

LE PODESTAT.

Je l'ai dit ; car c'est vrai.

FRANCESCA.

Quoi, chez elle ?

LE PODESTAT.

Oui, vraiment !

FRANCESCA.

Vous vous êtes, seigneur, trompé certainement ;
Sans doute qu'il l'aura menée à sa litière :
Voilà tout !

LE PODESTAT.

Non, madame, il a fait route entière.

FRANCESCA.

Je n'en crois pas un mot.

LE PODESTAT.

Le fait est avéré ;
D'ailleurs, ce n'est point tout : chez elle il est entré.

FRANCESCA.

Cette fois, monseigneur, l'imposture est trop forte.

LE PODESTAT.

J'ai vu pour eux s'ouvrir et se fermer la porte.
Est-ce clair maintenant?

FRANCESCA.

Monseigneur! monseigneur!
Vous raillez, n'est-ce pas?

LE PODESTAT.

Je l'ai vu, sur l'honneur!

FRANCESCA.

Oh ! Fasio! toi! toi, pour une telle femme,

Trahir ta Francesca! Fasio, c'est infâme !
Si c'était pour quelqu'un qui pût t'aimer, hélas !
Mais elle ! monseigneur, elle ne l'aime pas.
Comme tout cœur vénal et toute ame commune,
Ce qu'elle aime de lui, c'est sa seule fortune.
Mais, que cette fortune, il la perde aujourd'hui,
Cette femme demain passera près de lui,
Sans que son œil glacé se détourne ou s'abaisse
Sur l'amant qu'en ses bras à cette heure elle presse.

LE PODESTAT.

Oh ! je ne doute pas un instant de ceci.

FRANCESCA.

N'est-ce pas, monseigneur, vous le croyez aussi ?
Qu'en perdant sa fortune un instant possédée,
Mon Fasio vers moi reviendrait...

Portant ses deux mains à son front.

Quelle idée !

LE PODESTAT.

Qu'avez-vous ?

FRANCESCA.

O mon Dieu ! je ne sais si l'éclair
Luit, descendant du ciel ou montant de l'enfer ?

N'importe, je suivrai cette lumière fauve ;
Mon Dieu ! qu'elle me perde ou bien qu'elle me sauve !

LE PODESTAT.

Parlez donc ?

FRANCESCA.

Est-il vrai, monsieur le podestat...
Que tout trésor sans maître appartienne à l'état ?

LE PODESTAT.

Sans doute...

FRANCESCA.

Écoutez-moi...

LE PODESTAT.

Vous pâlissez.

FRANCESCA.

N'importe !

Écoutez-moi toujours !

Il veut avancer un siége.

Oh ! non, non... je suis forte !
On croit que Fasio, n'est-ce pas, fait de l'or ?...
Il a d'un exilé retrouvé le trésor...

Un trésor oublié... sans maître, sans maîtresse ;
Et c'est de ce trésor que lui vient sa richesse.
Eh bien ! vous comprenez... ce trésor qu'il retient,
Puisqu'il était sans maître, à l'état appartient.

LE PODESTAT.

Avez-vous une preuve ?

FRANCESCA.

Une preuve ?

LE PODESTAT.

Sans doute !

FRANCESCA, arrachant la torche du palier.

Prenez cette lumière...

Ouvrant la porte du caveau.

Entrez sous cette voûte ;
Et vous trouverez tout, tout dans le même lieu,
Des meubles, des tableaux, une trappe au milieu...
La trappe où, renfermé, dormait cet or infâme,
Et dont il est sorti, pour perdre un jour mon âme.
Allez... examinez chaque chose de près ;
Et nous verrons s'il faut d'autres preuves après !

Le Podestat entre dans le caveau du deuxième acte. Francesca
continue.

Mon Dieu! pardonnez-moi, j'ai fait peut-être un crime,
Mais tombée où je suis presque au bas de l'abîme...
Hélas! au plus profond, afin de ne pas choir,
Je me suis retenue à mon dernier espoir.
Pauvre, il était à moi... meure donc sa richesse,
Qui seule lui donna palais, amis, maîtresse!...
Et vers l'humble maison quand pauvre il reviendra,
A genoux sur le seuil, il me retrouvera.

LE PODESTAT, rentrant pâle et très-agité.

Madame !

FRANCESCA.

Eh bien, la preuve était-elle certaine?

LE PODESTAT.

Si certaine, qu'il faut qu'à l'instant on l'amène!

FRANCESCA.

L'amener à l'instant... Monseigneur, en ce cas,
Près d'elle cette nuit il ne restera pas.
Oh! courez, monseigneur, sans perdre une seconde!
Courez !

LE PODESTAT.

Mais où trouver quelqu'un qui me seconde?
Il me faut des soldats !

9

FRANCESCA, étendant la main.

Entendez-vous ce bruit?

LE PODESTAT.

Quel est-il?

FRANCESCA.

C'est celui de la garde de nuit!
Oh! courez, monseigneur! c'est Dieu qui vous l'envoie.

Le Podestat monte l'escalier.

Et puis, en l'arrêtant, accordez-moi la joie
Qu'à cette courtisane ils disent, vos soldats,
Que c'est moi qui lui prend son amant dans ses bras...
M'entendez-vous?...

Le Podestat disparaît.

Le ciel pour une même épreuve
Nous gardait : comme moi, maintenant elle est veuve.
Sans doute, ils sont partis, et vont, en se hâtant,
A ce palais maudit être dans un instant,
Et, le ciel soit béni, les surprendre avant même
Qu'il n'ait eu le loisir de lui dire qu'il l'aime!...
Oh! ce sera pour eux un moment singulier,
Alors qu'ils entendront des pas dans l'escalier,
Qu'ils se retourneront et qu'ils verront la porte
S'ouvrir donnant passage à l'étrange cohorte!...

Que ne suis-je présente à leur dernier adieu !
Comme j'en rirais!... ah !

Elle commence un éclat de rire qu'elle achève en sanglotant.

Que je souffre, mon Dieu !

Elle jette ses bras autour de la colonne; pendant ce moment de silence,
le Podestat redescend; Francesca l'aperçoit et dit :

Est-ce fini ?

LE PODESTAT, très-gravement.

Non ! mais, tandis que la justice
A l'égard du coupable accomplit son office,
Je viens vous dire, à vous, qu'il vaudrait mieux, je croi,
Que vous quittiez ce lieu que d'y rester.

FRANCESCA.

Pourquoi?

LE PODESTAT.

C'est qu'il va se passer, du moins, je le suppose,
Ici, dans un instant, madame, quelque chose
Que vous étiez bien loin de croire, assurément,
Quand vous m'avez parlé de ce trésor...

FRANCESCA.

Comment?

Qu'est-ce donc ?

LE PODESTAT.

Je ne puis, madame, vous le dire;
Mais peut-être allez-vous bien tristement maudire
L'heure où vous avez cru que Dieu, comme un secours,
Vous offrait le moyen où vous eûtes recours.

FRANCESCA.

Mais qu'arrive-t-il donc, par pitié?

LE PODESTAT.

Sur mon ame,
Je vous l'ai déjà dit, vous feriez mieux, madame,
De fuir cette maison, que d'attendre pour voir
Ce qui va s'accomplir... mais c'était mon devoir!

FRANCESCA.

Oh! vous m'épouvantez!... pour ce trésor funeste
Court-il quelque danger?

LE PODESTAT.

Partez! partez!

FRANCESCA.

Je reste!
Lorsque j'ai fait le mal, je fuirais lâchement?

Oh ! non pas !... il me faut ma part du châtiment.

LE PODESTAT.

J'aurais voulu vous voir pour vous moins inhumaine.

On entend du bruit au haut de l'escalier.

FRANCESCA.

Grand Dieu !... quel est ce bruit ?

LE PODESTAT.

C'est lui que l'on amène ;
Baissez donc votre voile. Et puisque vous restez,
Cachez-vous du moins...

FRANCESCA, baissant son voile.

Mais qu'a-t'il fait ?

LE PODESTAT.

Écoutez !...

SCENE III.

LES MÊMES, FASIO, *amené par des* SOLDATS.

Fasio descend l'escalier du laboratoire, et, avec le plus grand calme,
regarde autour de lui, et voit le Podestat, ainsi que Francesca,
debout contre la colonne, et voilée.

FASIO.

Ah! c'est vous, monseigneur! j'avais peine à le croire :
Pourquoi me ramener dans ce laboratoire?
Et comment suis–je ici conduit par vos valets,
Lorsque je vous croyais encor dans mon palais?

LE PODESTAT.

Je vous ai, Fasio, parlé dans la soirée
Du vieux don Grimaldi... Vous avez une entrée
Qui, percée autrefois... j'ignore en quel dessein,
Donne de ce caveau dans le caveau voisin ;
Or le caveau voisin, circonstance bizarre,
Est justement celui de notre vieil avare !...
Maintenant, il me semble étrange, en vérité,

Qu'étant ce caveau-ci par vous très-fréquenté,
Si fréquenté, la chose à Florence est notoire,
Que vous en aviez fait votre laboratoire;
Il est étrange donc, disais-je, dans ce cas,
Giraldi Fasio, que vous ne sachiez pas,
Ayant chez Grimaldi, cette porte secrète,
Ce qu'il est devenu... Maintenant, je m'arrête...
Répondez...

FASIO.

Monseigneur, j'ai long-temps ignoré
Ce passage qu'un jour le hasard m'a montré :
Ce fut un accident dont la trace est visible,
Qui soudain de caché le rendit ostensible.
Et la chose arriva la veille seulement
Du jour où j'ai quitté cet humble logement
Pour acheter d'un or, alchimique conquête,
Le palais où ce soir je donnais une fête.
Vous voyez, monseigneur, qu'il n'est pas étonnant
Qu'ainsi que je l'ai dit, j'ignore maintenant,
N'habitant plus ce lieu, mais la place du Dôme,
Ce qu'après mon départ est devenu cet homme!

LE PODESTAT.

Ainsi vous l'ignorez?

FASIO.

Tout-à-fait, monseigneur.

LE PODESTAT.

Eh bien! alors, c'est moi qui vais avoir l'honneur
De vous faire connaître une étrange nouvelle :
Frappé dans sa maison d'une atteinte mortelle,
Don Grimaldi, qu'on cherche et cherche vainement,
Est, à deux pas d'ici, mort misérablement;
Et ce que je vous dis, c'est la vérité pure,
Car le cadavre est là, resté sans sépulture
Près de la caisse vide ; et vous le savez bien ;
Car l'assassin, c'est vous... et votre or, c'est le sien.

FRANCESCA, qui s'est levée lentement pendant ce qui vient
d'être dit.

Mon Dieu!... que dit-il là?

FASIO.

Pardonnez si la honte
D'une accusation si fatale et si prompte
Est cause que je reste un instant interdit,
Avant de repousser ce que vous avez dit...
Mais le soupçon que j'ai commis ce crime infâme
N'a pas pris, monseigneur, naissance dans votre ame;
Et d'un lâche ennemi, d'avance méprisé,
La vengeance m'aura devant vous accusé.
Eh bien! moi, monseigneur, à mon tour je demande,
Et c'est mon droit, ainsi la faveur n'est pas grande,
A cet accusateur d'être ici confronté ;
Et, plus encor que vil s'il n'est pas effronté,

Je m'engage, c'est prendre une facile tâche,
A lui faire à genoux crier qu'il est un lâche!...
Et que, lorsqu'il a dit ce rapport infamant,
Sa bouche, monseigneur, mentait impudemment.
Que l'on me donne donc moyen de le confondre :
Je n'ai pas, monseigneur, autre chose à répondre.

LE PODESTAT.

Regarde autour de toi, Fasio, suis-je seul ?

FASIO, regardant autour de lui, et apercevant Francesca debout et toujours couverte de son voile.

Est-ce un spectre vengeur debout dans son linceul ?
N'importe!... ce n'est pas contre moi qu'il se lève.

Il va à Francesca et lui arrache son voile.

Francesca !
Reculant.

Mais je fais sans doute quelque rêve
Fiévreux... épouvantable, et dont je vais bientôt
Sortir en m'éveillant...

LE PODESTAT.

Au pied de l'échafaud.
Aux soldats.

Tout-à-l'heure en prison vous conduirez cet homme ;
Moi, je vais chez le duc.
Il sort.

SCENE IV.

FASIO, FRANCESCA, les Soldats.

FASIO, continuant.

Si tu n'es qu'un fantôme,
Si tu n'es qu'un démon à me perdre obstiné,
De quel droit couvres-tu ta face de damné
Avec ce masque saint, dont l'infernal échange
Te donne à toi, maudit, l'apparence d'un ange?...
Mais j'ai de t'éprouver un moyen solennel :
Francesca doit avoir un anneau qu'à l'autel
L'homme de Dieu bénit le jour du mariage.
Eh bien ! écoute : au doigt si tu portes ce gage,
Et quand je l'aurai vu, si ta bouche redit
Même accusation, eh bien! alors, maudit,
Quand ta bouche serait la bouche d'un fantôme,
Je dirais, comme toi, que j'ai tué cet homme!...
Au nom du Dieu vivant, montre donc cet anneau.

FRANCESCA, tombant à genoux.

Oh ! brise-moi le front sous ton pied, Fasio !

FASIO.

C'est elle !

FRANCESCA.

Oui ! c'est moi.

FASIO.

       Votre grâce est profonde,
O mon Dieu ! qui daignez me retirer du monde,
Où le mal sur le bien l'emporte constamment ;
Où toute ame trahit, où tout visage ment ;
Où, semblable à l'aspic caché dans la corbeille,
On voit sortir la mort d'une bouche vermeille ;
Où l'épouse aujourd'hui vous tue avec le bras
Qui vous pressait hier contre son cœur !

FRANCESCA.

           Hélas !
C'est vrai, mon Fasio, je suis une maudite,
Et tout ce que tu peux dire, je le mérite.
Pourtant, si tu savais dans quelle intention
J'ai fait au podestat la révélation !
Oh ! je ne serais plus par toi si condamnée.
Tu m'aimas tant, hélas ! pendant toute une année,
Que, de ton changement n'accusant que ton or,
Je voulais t'appauvrir pour être aimée encor.
J'ai donc dans cet espoir, et c'est ce qui me navre,
Dénoncé le trésor... j'ignorais le cadavre...

Ah ! voilà, Fasio ! Que maintenant tes yeux
Redescendent vers moi miséricordieux...
Oh ! non... non, Fasio... non, je suis trop coupable...
O Fasio ! pour moi sois un juge implacable !
Fasio, maudis-moi ; je l'ai bien mérité.
Fasio ! Fasio !... tout, hormis ta bonté !

FASIO, la relevant.

Oh ! pauvre délaissée ! à cette heure, moi-même,
Hélas ! j'ai trop besoin de la pitié suprême,
Pour être inexorable à ce cœur alarmé,
Dont tout le crime fut de m'avoir trop aimé.
Oh ! ce sera sans doute une terrible fête
Quand je verrai la hache au-dessus de ma tête,
Et que je songerai sous son tranchant éclair
Quelle main bien aimée en aiguisa le fer !...
Mais oublions cela ; puisqu'il faut que l'on meure,
Qu'importe que retarde ou bien qu'avance l'heure ?
Qu'on expire en un lit, ou bien sur l'échafaud,
De quelque lieu qu'on parte, on se rejoint là-haut !

Il veut l'embrasser.

FRANCESCA.

Oh ! non... non, tes baisers me rendraient insensée :
Tes baisers... quand ta bouche est muette et glacée !...
Demain...

LE CHEF DES GARDES.

Il faut partir, monseigneur.

FRANCESCA, passant entre Fasio et le garde.

O mon Dieu !
Laissez-moi donc le temps que je lui dise adieu...
Ou plutôt... oui, permets jusqu'à la dernière heure
Auprès de son époux que l'épouse demeure :
Jeune comme tu l'es, ton cœur n'est point encor
Glacé par l'égoïsme ou corrompu par l'or.
Oh ! laisse-toi toucher par ma douleur amère,
Frère, au nom de ta sœur, fils, au nom de ta mère,
Oh ! laisse-moi le suivre, et partageant son sort,
Lui faire de mon sein son oreiller de mort !

LE CHEF DES GARDES.

On ne m'a sur ce point fait aucune défense,
Et vous pouvez venir.

FRANCESCA.

Que Dieu te récompense ;
Car, pauvre que je suis, je ne peux rien pour toi.

Se retournant.

Oh ! viens, mon Fasio !... Tu verras qu'avec moi
La prison te sera moins humide et moins noire ;
Viens...

FASIO.

Ah ! ce n'était point, si j'ai bonne mémoire,
Avec cette main froide et ce frisson mortel,
Que je te conduisis, jeune vierge, à l'autel !

Ils sortent entre les gardes.

FIN DU QUATRIÈME ACTE.

ACTE CINQUIÈME.

ACTE CINQUIÈME.

———

Une rue de Florence, aboutissant à la place du Palais-Vieux, à
droite; entre le premier et le troisième plan, une rue; au
troisième plan, une porte donnant dans une maison éclairée;
à gauche, au premier plan, une Madone; au deuxième plan
et au troisième, le palais de la Maddelena, auquel on monte
par six marches. Il est quatre heures du matin.

SCENE PREMIERE.

ALDINI, SPADA et RAFAELLO, *sortant de la maison
éclairée.*

SPADA.

C'est perdre son argent en fou, sur ma parole...

ALDINI.

Tu trouves qu'il le perd, et moi qu'on le lui vole :
Aussi, je ne veux pas tremper dans le complot
En restant plus long-temps dans un pareil tripot.

RAFAELLO.

Mais que fera-t-il donc, une fois sans fortune ?

ALDINI.

Il fera, comme toi, des sonnets à la lune...

RAFAELLO.

Ce pauvre Lélio...

Francesca traverse la scène et frappe à la porte de la Maddelena.

SPADA.

Tu le plains, que je croi...
Pardieu, je voudrais bien être à sa place, moi.
Il a plus de bonheur cent fois qu'il ne mérite...
Fasio condamné, de ses biens il hérite,
Et le voilà trois fois plus riche, en vérité,
Que le duc Francesco ne l'a jamais été.

Francesca frappe une seconde fois.

UN PAGE, ouvrant.

Ma maîtresse est au bal...

FRANCESCA.

Et quand rentrera-t-elle?

LE PAGE.

Je ne sais...

FRANCESCA.

Oh! mon Dieu!...

Elle redescend.

SPADA, l'arrêtant.

Non, par ici, ma belle...

FRANCESCA.

Laissez-moi...

ALDINI.

Mais d'abord, en ce lieu, par ce temps,
Que faites-vous ici, ma charmante?...

FRANCESCA.

J'attends.

ALDINI, lui levant sa cape.

Vous attendez sans doute un aimable complice...

FRANCESCA.

Non !... j'attends mon mari que l'on mène au supplice...

RAFAELLO.

Eh ! mais... c'est Francesca...

ALDINI.

La femme du voleur.

SPADA.

De l'assassin...

RAFAELLO.

Spada...

FRANCESCA, allant à la Madone.

Mon Dieu ! pardonnez-leur...

ALDINI.

Il eut pour faire l'or un procédé commode,
Et qui, depuis long-temps, serait assez de mode...
S'il ne coûtait si cher...

RAFAELLO.

Messieurs, vous agissez...

Par trop cruellement.

SPADA.

Nous?

RAFAELLO.

Oui, messieurs, assez.

ALDINI.

Tu le prends avec nous d'une façon hautaine.

RAFAELLO.

Je dois le prendre ainsi. Voilà trois jours à peine
Que j'ai de Fasio reçu ce collier d'or :
C'est dire, du moment où je le porte encor,
Que je ne laisserai personne, sur mon ame,
Insulter devant moi Fasio ni sa femme.

SPADA.

Vous avez dit deux mots dont nous nous souviendrons.

RAFAELLO.

Eh bien! alors, demain nous en reparlerons.

Aldini et Spada sortent.

SCENE II.

FRANCESCA, RAFAELLO.

FRANCESCA, qui a entendu Rafaello prendre sa défense, allant
à lui.

Oh ! vous êtes bon, vous ! et sur ma triste voie,
Pour me rendre l'espoir, c'est Dieu qui vous envoie.
Comme un ange du ciel, vous venez me trouver.
Dites-moi, monseigneur, pouvez-vous le sauver.

RAFAELLO.

Hélas ! je ne suis rien qu'un malheureux poète ;
Personne dans l'état de moi ne s'inquiète ;
Et je transporterais ce palais loin de nous,
Avant de rien changer au sort de votre époux.
Mais si le visiter dans sa triste demeure,
Si rester avec lui jusqu'à sa dernière heure,
Et, lorsqu'elle viendra, si lui donner la main
Pour soutenir ses pas pendant tout le chemin,
Peut lui rendre la mort moins cruelle, madame,
Ordonnez, et je suis à vous de corps et d'ame.

FRANCESCA.

Merci; j'accepte. Allez, et qu'il sache en quel lieu
Vous m'avez à genoux trouvée implorant Dieu.
Dites-lui que je garde encor quelque espérance,
Et que, quand la pitié serait morte à Florence,
J'irais vers son tombeau, menant un si grand deuil,
Qu'il lui faudrait pour moi sortir de son cercueil.

RAFAELLO.

Je vais fidèlement remplir votre message ;
Et que Dieu jusqu'au bout vous donne le courage !
Adieu, madame.

Il s'éloigne.

SCENE III.

FRANCESCA, *seule*.

Adieu ! c'est un présage d'or,
Et tout cœur au démon n'appartient pas encor.
Oh ! je supplîrai tant cet homme et cette femme,
Qu'à moins qu'en les créant Dieu n'ait oublié l'ame,
Ils viendront avec moi, les yeux baignés de pleurs,
Vers celui qui d'un mot peut finir mes douleurs.
C'est par ici qu'il faut que chacun des deux passe.
Ah ! voici le premier !

SCENE IV.

FRANCESCA, LE PODESTAT, *à cheval, précédé de deux hommes portant, l'un la bannière, et l'autre l'épée; et suivi de* GARDES.

FRANCESCA, se jetant à la bride du cheval.

Grâce, monseigneur, grâce !

LE PODESTAT, étonné.

Ah ! qui donc êtes-vous ?

FRANCESCA.

Qui je suis... juste Dieu !...
Et quelle autre que moi... par ce temps, en ce lieu...
Oh ! quelle autre viendrait qu'une épouse éperdue,
Vous attendre la nuit au milieu d'une rue ?...
Vous l'avez condamné si précipitamment,
Que vous devez douter de votre jugement.
Eh bien ! moi... je vous dis qu'il n'était pas coupable.
Sans doute, je le sais, l'apparence l'accable ;
Mais plus d'un innocent, que l'on crut criminel,
N'a-t-il pas transformé l'échafaud en autel ?

Mon Dieu! cela se voit tous les jours, et le blâme
Retombe sur celui qui condamne...

LE PODESTAT.

Madame...
Nous avons, pour douter, trop de faits dans les mains!

FRANCESCA.

Ces faits!... qui les a vus?... vos yeux... des yeux
[humains!...
Quand le regard de Dieu parfois lui-même s'use
A pénétrer au fond de nos cœurs pleins de ruse...
Ah!... vous ne doutez pas!... Eh bien! je vous le dis,
Ceux qui ne doutent pas d'avance sont maudits!...
Car ils ont une part de cet orgueil funeste,
Qui fit perdre à Satan le royaume céleste.
Vous ne connaissiez donc Fasio que de nom?
Oh! lui!... tuer quelqu'un!.. lui, si doux!.. lui, si bon!..
Lui!.. comprenez-vous bien? commettre un crime
[infâme!...
Avec son ame d'ange, avec ses mains de femme!...
Oh! non, c'est impossible... Et vous ne pouvez pas,
Vous surtout, monseigneur, permettre son trépas,
Lorsque c'est moi qui crie à vos pieds, que j'embrasse:
Oh! grâce, monseigneur!... monseigneur, grâce! grâce!

LE PODESTAT.

Mais sa grâce dépend de vous, si vous voulez...

FRANCESCA.

De moi!... de moi, sa grâce!... Oh! monseigneur,
[parlez!...
Je ne vous comprends pas ; dites-moi ce mystère...
Dites, et vous serez pour moi Dieu sur la terre.
Nous avons un enfant... angélique trésor,
Dont la voix ne m'a pas fait tressaillir encor ;
Dites, et cet enfant, pauvre fleur éphémère
Qui trempe sa racine en une source amère,
Cet enfant, qui déjà sait mon nom dans son cœur,
Il dira votre nom avec le mien, seigneur !

LE PODESTAT.

Vous ne devinez pas?... Vraiment, j'ai peine à croire
Que du passé sitôt vous perdiez la mémoire,
Et, m'ayant entendu cent fois dire à genoux,
Qu'en échange d'un mot, ma vie était à vous!...
Vous ne compreniez pas... pour ce mot que j'envie,
Que plus facilement je donne une autre vie.

FRANCESCA, reculant.

Silence, monseigneur!... cela suffit... Adieu.

S'appuyant sur la Madone.

Vous l'avez entendu... sainte mère de Dieu!...
Vous, qui vîtes, suivant ses tristes funérailles,

Clouer sur une croix le fruit de vos entrailles !
Vous l'avez entendu, l'étrange séducteur,
Qui prend un échafaud pour son entremetteur ;
Mais votre fils, sans doute, au milieu des louanges
Que chantent sous ses pieds le triple chœur des anges,
De sa gloire infinie, hélas ! préoccupé,
Ne l'a pas entendu... car il aurait frappé !...
C'est bien... continuez votre funèbre tâche,
Préparez le billot, faites fourbir la hache !...
La pauvre Francesca préfère, monseigneur,
Le deuil de son époux au deuil de son honneur.

LE PODESTAT.

C'est votre dernier mot ?

FRANCESCA.

Vierge sainte, il en doute ?

LE PODESTAT.

Il suffit ! Reprenons, messeigneurs, notre route.

SCENE V.

FRANCESCA, *seule.*

Hélas ! c'était donc faux, ce qu'on m'a raconté,
Lorsque j'étais enfant, de traits d'humanité !
Les hommes ; oui, leurs cœurs ô mon Dieu ! sont de
Insensibles aux pleurs et sourds à la prière.   [pierre !
Il n'en est point ainsi de nous, heureusement,
Et nos cœurs, faits d'amour, se fondent aisément.
Ce qu'un homme refuse, une femme l'accorde ;
Et je vais obtenir enfin miséricorde ;
Car la voilà qui vient ! Ah ! pour la mieux prier,
Accordez-moi, mon Dieu ! la force d'oublier.

SCENE VI.

FRANCESCA, LA MADDELENA, *dans une litière précédée de valets portant des flambeaux.*

Ceux qui portent la litière la déposent à terre. Ceux qui portent les flambeaux montent les marches et ouvrent la porte du palais.

LA MADDELENA, descendant, et faisant signe aux porteurs de la litière de s'éloigner.

C'est bien !

Les porteurs s'éloignent. La Maddelena fait un pas, et rencontre Francesca sur la première marche, la regardant.

Est-ce un fantôme? ou bien est-ce une femme?
A moi, mes serviteurs!

FRANCESCA, marchant à elle.

Ne craignez rien, madame.

LA MADDELENA.

Si je n'ai rien à craindre... alors, ne reste pas
En silence, debout... levant ainsi le bras.
Parle... mais parle donc!

FRANCESCA.

Hélas! pardon, excuse.
Je voudrais parler; oui; mais ma voix s'y refuse,
Madame, il ne faut point m'en vouloir pour cela ;
J'étouffe.

LA MADDELENA.

Alors, je rentre.

FRANCESCA, l'arrêtant.

Oh! non, non, restez là!
Je suis mieux maintenant... pardonnez, j'étais folle;
Mais ma raison revient, et me rend la parole;
Vous ne savez donc pas?

LA MADDELENA.

Quoi?

FRANCESCA.

Mais c'est aujourd'hui
Que, condamné par eux, il va mourir.

LA MADDELENA.

Qui?

FRANCESCA.

Lui !

LA MADDELENA.

Mais, s'il est condamné, quelle es votre espérance?

FRANCESCA.

Votre beauté vous fait la reine de Florence;
Il n'est pas un seigneur qui n'attende à genoux
Un regard, un sourire, un signe, un mot de vous ;
Leur foule, à votre voix, se presse, réunie;
Car votre voix renferme une telle harmonie,
Que , quand vous vous taisez, par excès de rigueur,
Ce silence pour nous est presque une douleur.

LA MADDELENA.

Et quel sera le but de ces vaines louanges ?

FRANCESCA.

De vous prouver, madame, à vous, la sœur des anges,
Que, si, de votre voix lui prêtant le secours,
Vous vouliez dire un mot en faveur de ses jours,
Un mot de cette voix par vous au ciel ravie,
Qui remplit l'air d'amour, lui sauverait la vie.

LA MADDELENA.

Vous êtes en délire, ou vous ne croyez pas
Que j'aie un tel pouvoir.

FRANCESCA.

Songez donc qu'à deux pas,
Voyez, dans ce palais, madame, un homme existe,
A qui tout est soumis! à qui rien ne résiste!
Qui par le ciel élu pour régler notre sort,
Tient d'une main la vie, et de l'autre la mort.
Un homme enfin qui peut d'un signe de sa tête
Changer la joie en deuil, le désespoir en fête!
Eh bien, ce Dieu mortel, au pouvoir effrayant,
Je vous ai vue un jour lui parler en riant;
Oui, madame, en riant vous parliez à cet homme!
Oh! je m'en souviens bien, c'était place du Dôme,
Et lui, comme un lion par un enfant dompté,
Il vous laissait jouer avec sa majesté.
Allez trouver le duc, et dites-lui, madame,
Qu'un homme ayant, hélas! un enfant, une femme,
A la mort condamné, va payer aujourd'hui
Un sang dont il est pur de tout son sang à lui!
Dites que, de ses droits, magnifique héritage,
Qu'avec le rang suprême, il obtint en partage,
Le plus noble est le droit qu'il a reçu d'en haut
De sauver l'innocent qui monte à l'échafaud;
Et de se dire après, l'ame tranquille et fière :
J'ai fait, ce qu'avec moi Dieu lui seul pouvait faire.

11

LA MADDELENA.

Femme, vous vous trompez! et ce n'est point à moi
D'essayer ma puissance à désarmer la loi.
Ai-je appelé la mort qui menace sa tête?
Est-ce moi qui, partant au milieu de la fête,
Dans mon empressement à me venger de lui,
Ai fait l'aveu fatal qui le tue aujourd'hui?
Eh bien! que, disputant la victime au supplice,
Celle qui le perdit le sauve... c'est justice.

FRANCESCA.

Hélas! vous dites vrai, c'est moi qui l'ai perdu;
Aussi, s'il est jamais au jour par vous rendu,
Je renonce d'avance à mes droits sur son ame.
Il ne m'appartient plus; il est à vous, madame;
De son amour futur je ne réclame rien...
C'est vous qui le sauvez, donc il est votre bien.
Il pourra vous aimer sans que j'en sois jalouse,
Je serai l'étrangère, et vous serez l'épouse.
Seulement, par pitié, dans un coin du palais,
Vous me laisserez vivre au milieu des valets,
Pour qu'à travers mes pleurs encor je le revoie
Lorsque vous passerez tous les deux pleins de joie!

LA MADDELENA.

Que me dites-vous là? Vous m'insultez! Comment!
J'irais à l'échafaud emprunter un amant!

Moi, la Maddelena, que le duc même encense,
Et qui traite avec lui de puissance à puissance !
Fi donc !...

FRANCESCA.

Et cependant hier... ah ! ne tremblez pas ;
Je comprends, madame... oui, je parlerai tout bas !
Hier il vous ramenait jusqu'à votre demeure,
Et vous le receviez hier à cette même heure...
Il était près de vous, sur un divan soyeux,
Et vos yeux se noyaient aux flammes de ses yeux.
Maintenant, quel contraste !.. il est couché, madame...
Au fond de son cachot, sur un grabat infâme.
Et quand, après la nuit, va paraître le jour,
Au lieu de votre front incliné par l'amour,
Auquel il croyait lire un plus heureux présage ,
Il verra se pencher un homme au dur visage,
Tenant de la main droite un fer hors du fourreau,
Et cet homme, oh ! mon Dieu, ce sera le bourreau !

LA MADDELENA , avec colère.

Une dernière fois, vous êtes en délire,
Et je ne comprends point ce que vous voulez dire ;
L'homme dont vous parlez comme de mon amant,
Je ne le connais pas : laissez-moi donc...

Elle monte les degrés de son palais.

FRANCESCA.

Vraiment !
Tu ne le connais pas, femme ! eh bien ! je t'invite
Alors à ton balcon à prendre place... vite,
Tu vas le voir passer pour marcher au trépas,
Et peut-être qu'alors tu le reconnaîtras...

La Maddelena rentre.

SCENE VII.

FRANCESCA, *seule.*

Maintenant, tout est dit, et cette femme emporte
Ma dernière espérance en fermant cette porte ;
Je n'ai plus qu'à lui dire un éternel adieu !
Prenez pitié de moi, mon Dieu! mon Dieu! mon Dieu!

Elle tombe étendue sur les marches du palais.

SCENE VIII.

FRANCESCA, *presque évanouie* ; LÉLIO, *sortant de la maison de jeu.*

LÉLIO.

En conscience, enfin, voilà la chose faite :
J'ai bravement lutté, mais en vain ; la défaite
Est thermopyléenne... et pas un seul écu
N'a, Spartiate indigne, aux autres survécu ;
Me voilà donc léger de cet argent infâme,
Et tout prêt à répondre à Dieu !

Apercevant Francesca.

Tiens ! une femme !
Peut-être que l'amour daigne faire à ma fin
L'aumône du plaisir... cela se peut enfin.

Allant à elle.

Madame !

Pause

Pas un mot !

Se penchant vers Francesca.

Elle est évanouie !

Sa main froide... son front... ressemblance inouie !

La soulevant.

On dirait Francesca !... mais c'est elle , d'honneur !

FRANCESCA.

Vous ne vous trompez pas ; oui, c'est moi, monseigneur.

LÉLIO.

Mais que faites-vous là, sur ce seuil abattue ?

FRANCESCA.

Vous ne savez donc pas ?... dans une heure on le tue.

LÉLIO.

Qui donc ?...

FRANCESCA.

Mon Fasio !

LÉLIO.

Le tuer !... et pourquoi ?

FRANCESCA.

Mais ils l'ont accusé, jugé, que sais-je, moi ?

Jugé, vous savez bien... comme on juge à Florence,
En une seule nuit, sans témoins, en silence,
Comme on tue autre part.

LÉLIO.

Mais enfin, qu'a-t-il fait ?
De quoi l'accuse-t-on ?

FRANCESCA.

Oh ! du dernier forfait !
De ce que je vous dis... en le disant, je doute...
D'avoir assassiné don Grimaldi...

LÉLIO.

J'écoute...
Et je n'y comprends rien... Fasio condamné
Pour avoir, dites-vous... comment !... assassiné
Mon oncle Grimaldi... Lui... Fasio !...

FRANCESCA.

Lui-même...
Vous ne le croyez pas, vous !... Oh !... que je vous
[aime !
Mais quoi ! vous ignoriez... restant au même lieu,
Tout ce qui s'est passé depuis deux jours, grand Dieu !...

LÉLIO.

C'est que depuis deux jours, à ma honte, madame...

Je ne suis pas sorti de ce tripot infâme...
C'est que, depuis ce jour, tout à ce jeu maudit,
Je n'ai rien entendu de tout ce qu'on m'a dit.

FRANCESCA.

Écoutez, monseigneur... écoutez, l'heure sonne...

Elle compte tout bas, puis tout haut :

Cinq... six...

On entend le chœur dans le lointain.

LÉLIO.

Et Fasio n'a dénoncé personne?...

FRANCESCA.

Personne, monseigneur...

LÉLIO.

Est-ce certain, cela ?

FRANCESCA.

Personne!... juste Dieu !...

Apercevant les Pénitens.

LÉLIO.

Qu'avez-vous?

FRANCESCA.

Le voilà...

Étendant la main.

Des prêtres!... des soldats!... Ah! tout mon corps
[frissonne...

LÉLIO, pensif, au haut des marches.

Fasio va mourir, et n'a nommé personne...

Il s'enveloppe dans son manteau et s'appuie contre la porte du palais.

SCENE IX.

Des Soldats, des Moines, *portant des torches, puis la ban-nière de la Vierge ;* FASIO, *précédé des exécuteurs et mar-chant entre* un Prêtre *et* RAFAELLO; LÉLIO, *sur les marches du palais ;* FRANCESCA, *au bas des marches. Le chœur cesse.*

FASIO , s'arrêtant sans voir Francesca.

Merci , Rafaello, c'est déjà trop ainsi ;
Il est temps, croyez-moi, de me quitter ici.
Je ne veux pas vous faire une plus lourde tâche :

Montrant le prêtre.

Voilà celui qui doit me courber sous la hache !...
Adieu, poète, adieu !... Prêtre, c'est à ton tour
A me parler du Christ et de son saint amour.

FRANCESCA, d'une voix suppliante.

Fasio !...

FASIO.

Francesca...

FRANCESCA, se jetant dans ses bras.

Fasio !...

FASIO, la pressant sur son cœur.

Pauvre femme !...
J'espérais épargner ces adieux à ton ame,
Atteindre sans te voir cet échafaud hideux ;
Mais, au lieu d'un martyr, le Seigneur en veut deux.
Puisqu'il t'a conviée à cette horrible fête ,
Ici–bas... comme aux cieux sa volonté soit faite !

FRANCESCA.

Hélas !... j'ai cette nuit pour toi tout essayé,
Mais je n'ai rencontré que des cœurs sans pitié,
Et je me suis en vain, malheureux que nous sommes,
Courbée aux pieds de Dieu comme aux genoux des
[hommes...
Ni les hommes ni Dieu n'ont su me secourir,
Et nous n'avons plus rien à faire qu'à mourir.

FASIO.

Silence, Francesca !... De cette heure suprême
Écartons avec soin le doute ou le blasphème ;
Et d'un cœur résigné songeons que je dois seul
Dormir enveloppé de mon sanglant linceul !...
Souviens-toi que ta vie, à l'avenir féconde,
Par des liens sacrés est retenue au monde,
Et que ce dévouement où ton cœur est enclin
Laisserait au berceau notre enfant orphelin...

Pauvre enfant isolé, qui n'aurait plus de mère
Qui lave avec ses pleurs la honte de son père !
Oui, sans doute, je sais qu'il nous serait plus doux
D'attendre tous les deux, frappés des mêmes coups,
Côte à côte couchés, cette heure de lumière
Où Dieu des trépassés rouvrira la paupière.
Mais le Seigneur, hélas ! pour nous, dans sa rigueur,
En décide autrement... Adorons le Seigneur.

FRANCESCA, tombant à genoux.

Fasio ! Fasio !...

FASIO.

Ministres du supplice,
Déliez-moi les mains pour que je la bénisse.

L'exécuteur lui délie les mains.

Merci, frère.

L'EXÉCUTEUR.

Hâtez-vous !

FASIO, regardant vers l'orient, qui se colore.

Je comprends... oui, le jour.

Élevant les mains au-dessus de Francesca.

O Vierge, épouse et mère ! ô trinité d'amour !
Triple cœur réuni pour faire une seule ame,
Un pied sur les degrés de l'échafaud infâme,

A la face du ciel où nous serons unis,
Au nom du Dieu vivant, femme, je te bénis !
Lève-toi maintenant, il faut mourir... c'est l'heure.

FRANCESCA.

Pas encor... pas encor... non, Fasio, demeure.

FASIO.

Entends-tu ?... par le ciel nous sommes invités
A marcher plus vite.

FRANCESCA.

Ah !

FASIO, se retournant.

Je suis prêt.

LÉLIO, du haut de l'escalier, étendant le bras.

Arrêtez.

RAFAELLO.

Avez-vous entendu, messieurs ?... Que dit cet homme ?

LÉLIO.

Je dis, au nom du duc, messieurs, que je vous somme
De ne pas faire un pas de plus.

FRANCESCA.

Dieu tout-puissant !

LÉLIO.

Je dis que vous alliez tuer un innocent,
Si Dieu ne m'avait pas conduit sur votre route :
Voilà ce que je dis ; et si quelqu'un en doute,
J'ajouterai deux mots qui doivent faire loi :
Je connais l'assassin... et l'assassin, c'est moi.

Il descend les marches.

FASIO.

Lélio !... juste ciel !

FRANCESCA.

Oh ! j'en deviendrai folle !...

LÉLIO, tendant la main à Fasio.

Fasio... l'on se peut fier à ta parole...
Merci !... Mais je te veux prouver en ce moment
Que j'étais digne aussi d'un pareil dévoûment ;
Et, puisque vient à moi cette mort tant cherchée,
Je me décide enfin pour la tête tranchée.

Se retournant.

Je vous l'ai dit, messieurs, je suis le meurtrier ;

Vous pouvez à l'instant partout le publier.
Ce n'est plus lui... mais moi... que regarde l'affaire ;
Et c'est tout un procès, messeigneurs, à refaire.
Reconduisez-moi donc à sa place en prison.

FASIO, à mi-voix.

Mourir sur l'échafaud !... vous !... vous !

LÉLIO, tirant un flacon de sa poche.

J'ai du poison.

Il va se remettre aux mains des gardes.

FRANCESCA, se jetant dans les bras de Fasio.

Fasio ! Fasio !

FASIO.

Mon Dieu ! je te rends grâce !
Tu m'as refusé l'or tant cherché ; mais, en place,
Comme au fond d'un creuset par la flamme éprouvé,
Au fond de mon malheur, ô mon Dieu ! j'ai trouvé
L'ame à la fois ardente, élevée et modeste...
Ce diamant tombé de ton écrin céleste !

FIN DE L'ALCHIMISTE.

www.ingramcontent.com/pod-product-compliance
Lightning Source LLC
Chambersburg PA
CBHW072053080426
42733CB00010B/2101